誰でも成功する小学4年生の指導

夢中になるあそび、すぐ使えるカード付き

加藤辰雄 著

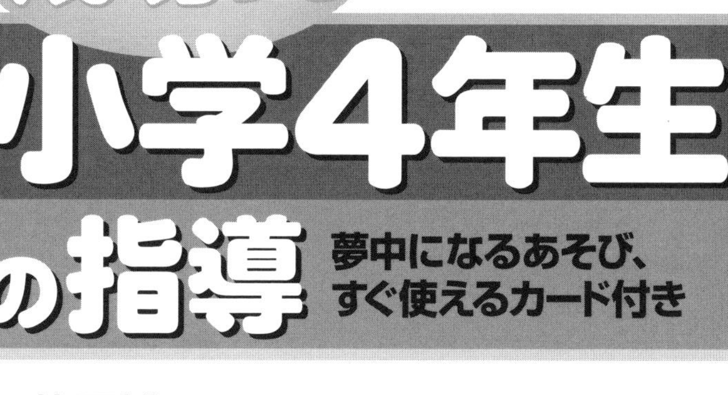

学陽書房

まえがき

4年生になると、子どもたちは友達とのつながりが活発になり、ますます行動的になってくる。また、学級集団の一員としての意識をもつようになり、「自分たちの学級」という思いも強くなってくる。

「9歳の壁」を乗り越えた4年生の子どもたちは、抽象的・概念的な思考ができるようになり、体も大きく成長し、ますますパワーに満ちあふれてくる。したがって、4年生は「乗りのよい学年」「勢いのある学年」という言葉がぴったりの学年と言える。

また、4年生は3年生頃から始まる「ギャングエイジ」の2年目ということもあり、少しまとまりがでてくる。そして、他律の段階を過ぎつつある時期でもあるので、自分たちだけの力でいろいろなことが、だんだんできるようになってくる。

このように考えてみると、中学年としての4年生は、高学年への橋渡しの時期にあたるので、教師にとって大変やりがいのある、重要な学年であると言える。

ところで、授業には教科書や指導書があり、授業に合わせたさまざまな教材・教具が数多く用意されている。しかし、学級づくりに関しては教科書や指導書もなく、それぞれの教師の経験をたよりに行っていることが多い。とくに若い教師は経験が少ないので、指導にとまどうことも多いと思われる。

そこで、4年生の指導をうまくやるための工夫やアイデアを紹介しようと本書を書いてみた。4年生を指導するには、「学級活動の基礎づくり」「子どもを理解すること」「教室環境づくり」「集会活動づくり」「授業づくり」「保護者との絆づくり」などさまざまな面からの取り組みが必要になる。しかも、これらは独立したものではなく、それぞれが結びつきあっているので、どれ一つとしておろそかにすることはできない。本書では、それらのヒントになる工夫やアイデアを紹介してみた。
また、「子どもが夢中になるあそび」や「すぐ使えるカード」も紹介してみた。必ず4年生の指導に役立つはずである。ぜひ活用していただきたい。
ところで、本書は読者のみなさんが読みやすくわかりやすいようにイラストで説明するようにしてみた。本書を読まれた方々が、ここに書いてあることを参考にして、4年生の指導をうまく行っていただき、一人でも多くの子どもたちがのびのびと活動し、笑顔に包まれることを願っている。
最後になったが、本書で小学1年生から小学6年生まで6冊がそろったことになる。「各学年を1冊ずつ書いてほしい」という藤井雅子さんとの約束を果たすことができて、ほっとしている。本書を書くにあたっては、学陽書房の藤井雅子さん、良知令子さんには、今回も大変お世話になった。また、斉木のりこさんには今回もすてきなイラストを描いていただいた。あらためてお礼を申し上げる。

2009年3月1日

加藤　辰雄

もくじ

1 学級活動の基礎づくり

2 子どもを理解するために

3 教室環境づくり

4 集会活動づくり

5 授業づくり

6 保護者との絆づくり

7 子どもが夢中になるあそび

8 すぐ使えるカード

1

学級活動の基礎づくり

1

学級びらきのやり方

教師の自己紹介を工夫する

学級びらきは、担任にとっても子どもたちにとっても、これからのスタートに欠かせないものである。新しい友達や教師との出会いに不安をもっている子どもたちに、「この学級でよかったな」「がんばれそうだな」と思えるように、明るい温かな雰囲気をつくるようにする。

そこで、出会いの演出をいろいろと工夫してみる。まず、教師の自己紹介を工夫する。

①教師の氏名を使った言葉あそび　②4年生の思い出話（熱中していたことや怒られたことを話す）　③得意なもの（手品、英会話、楽器の演奏などを紹介する）

呼名を工夫し、握手をする

学級びらきで子どもの名前を呼ぶときにも、ちょっとした工夫をする。

前の担任の話や資料をもとにして、一人ひとりの子どものよさやがんばっていることをひと言つけ加えて、正しく呼名する。たとえば、「青木さくらさん」（ハイ！）「大きな声で返事できたね。青木さんは、リコーダーがとても上手なんだってね」とひと言つけ加え、握手をするのである。

ゲームを工夫し、リラックスさせる

子どもたちは、新しい友達や教師との出会いに不安をもっているので、ゲームを取り入れて緊張している子どもたちの心をほぐすようにする。「となりの○○です」「なんでもバスケット」などで人間関係を少しずつつくっていくようにする。

教師の自己紹介を工夫する

(す)いえいが大好き
(ぎ)たあも大好き
(た)いそうも大好き

言葉あそび

わたしが４年生
だったころに
熱中して
いたのは
ジグソーパズル
です

４年生の思い出話

英会話
Hello
手品
ギター演奏

得意なもの

呼名を工夫し、握手をする

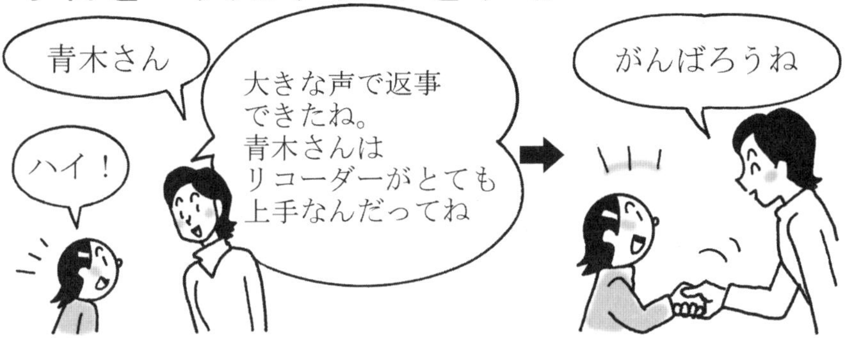

青木さん
ハイ！
大きな声で返事
できたね。
青木さんは
リコーダーがとても
上手なんだってね
がんばろうね

ゲームを工夫し、リラックスさせる

体育の好きな
石田です
体育の好きな石田
くんのとなりの、
音楽の好きな大川
です

となりの○○です

５月生まれの人！

なんでもバスケット

2

学級目標のつくり方

教師と子どもたちの願いを込めた学級目標をつくる

4年生に進級した子どもたちは、新しい学年や新しい学級に大きな期待や不安をもって登校してくる。子どもたちは、新しい学級に対して、「こんな学級であってほしい」「こんな学級にしたい」という思いや願いをもっている。それは、担任も同じである。

そこで、教師と子どもたちの思いや願いを込めた学級目標をつくるようにする。

学級目標は、徳育・知育・体育を表す言葉にまとめる

学級目標をつくる手順は、およそ次のようにする。

①担任として「こんな学級にしたい」という抱負を話す。

②子どもたちの願う「こんな学級にしたい」という意見を集約する。

③集約した意見をもとに、子どもたちといっしょに学級目標を決定する。

学級目標は、集約した意見から、徳育・知育・体育を表す短い言葉にまとめ、キャッチフレーズとして言えるようなものにまとめる。

学級目標をわかりやすく掲示する

学級目標はよく見えるところに掲示して、学級目標達成への意欲づけをする。その際、「やさしい学級」(徳育)「がんばる学級」(知育)「元気な学級」(体育) のキャッチフレーズだけでなく、その具体的な内容もわかるようにしておく。たとえば、「やさしい学級」であれば、「なかまはずれをしない」「友だちに親切にする」「男女がなかよくする」というように書いておく。

教師と子どもたちの願いを込めた学級目標をつくる

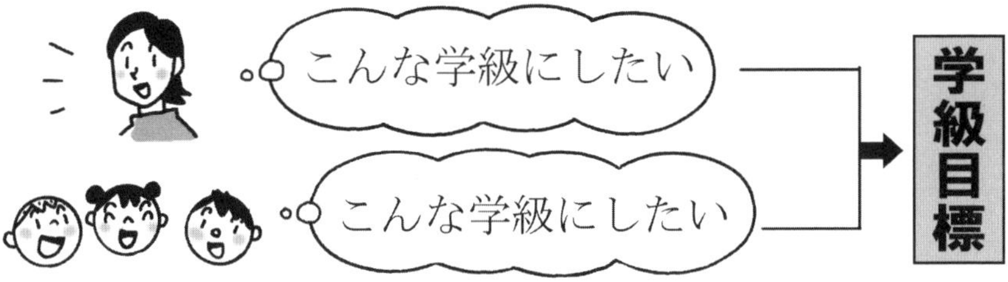
こんな学級にしたい
こんな学級にしたい
学級目標

学級目標は、徳育・知育・体育を表す言葉にまとめる

徳育に関する意見

- 仲間はずれをしない
- 友達に親切にする
- 男女が仲良くする

→ やさしい学級

知育に関する意見

- 先生や友達の話をしっかり聞く
- 進んで発表する
- まじめに学習する

→ がんばる学級

体育に関する意見

- 外で元気にあそぶ
- 苦手な体育にチャレンジする

→ 元気な学級

学級目標をわかりやすく掲示する

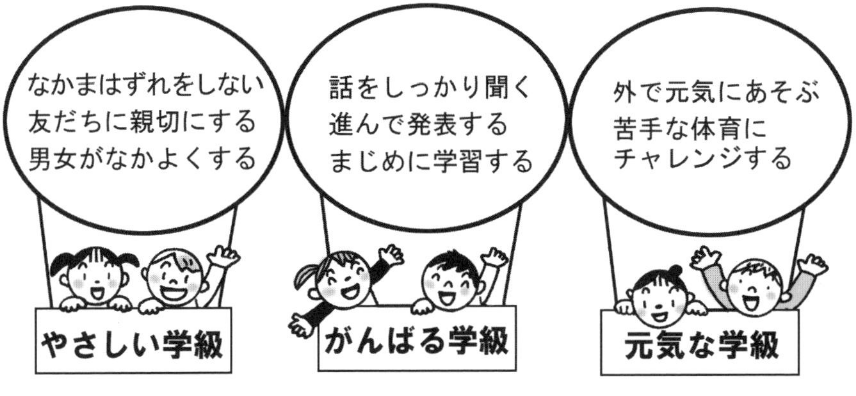
なかまはずれをしない
友だちに親切にする
男女がなかよくする
やさしい学級
話をしっかり聞く
進んで発表する
まじめに学習する
がんばる学級
外で元気にあそぶ
苦手な体育に
チャレンジする
元気な学級

3 席替えと班づくりのやり方

席替え・班づくりの意義を子どもに伝える

「誰が隣に座るのかな？」「誰といっしょの班になるのかな？」と子どもたちは席替え・班替えを楽しみにしている。しかし、ただ楽しいだけの席替えではいけない。どうして席替えをするのか、その意義を教師がしっかりと押さえ、子どもたちに伝えることが大切である。

- 気分が一新され、新しい友達とがんばろうという活力が生まれる。
- いろいろな子どものよさに触れることによって、人間関係が広がる。
- 自分と気が合わない子とも協力して活動するという経験を通して、人とかかわる力が育つ。

子どもの希望を調査して、教師が決める

「誰といっしょの班になりたいですか。3人書きましょう」という班替えアンケートでは、今仲良しの子ではなく、もっと仲良くなりたい子の名前を書かせる。そして、「クラスのみんなと友達になれるようにしましょう」と呼びかける。

教師はアンケートをもとにして、その時々の人間関係や学習・生活状況を考えながら班を決め、年間を通してどの子ともかかわれるようにする。

くじ引きやご対面方式で決める

くじ引きやご対面方式で決めるときは、男女の場所をあらかじめ決めておく。ご対面方式では、女子が廊下に出ている間に、男子が自分の座る席を決める。次に、男子が廊下に出ている間に、女子も自分の座る席を決める。男女同時に座って「ご対面」になる。

席替え・班づくりの意義を子どもに伝える

気分が一新され、新しい友達と
がんばろうという気持ちになります

いろいろな友達のよさに触れることに
よって、人間関係が広がります

自分と気が合わない子とも協力して
活動することによって、人とかかわる
力がつきます

子どもの希望を調査して、教師が決める

はんがえアンケート

名前＿＿＿＿＿＿

だれといっしょの
はんになりたい
ですか。
３人書きましょう。

今、仲良しの
子ではなく、
もっと仲良く
なりたい人の
名前を書き
ましょう

➡

教師が班を決める

- 人間関係
- 学習・生活状況を考える

年間を通して、どの
子ともかかわるよう
にする

くじ引きやご対面方式で決める

女 男
7 7
4 4
1 1
8 8
5 5
2 2
9 9
6 6
3 3
男女の場所を
決めておく
くじ
くじ引き
ここに
しよう！
ぼくはここ
ここに
決めた
仲良く
しようね
よろしくね
ご対面方式

4

朝の会のやり方

日直が輪番で司会をする

朝の会をスムーズに進めるためには、運営プログラムをつくり、日直が輪番で司会するとよい。運営プログラムの内容は、およそ次のようなものにする。

●みんなであいさつ　●健康観察　●一日の予定　●○○調べ（「ハンカチを身につける」など生活指導的なことを点検する）　●１分間スピーチ　●日替わりお楽しみタイム（ミニゲーム、クイズなど）　●みんなで歌おう　●先生の話

日替わりお楽しみタイムをつくる

楽しい活動を曜日ごとに、日替わりで取り入れると、朝の会が楽しいものになる。日替わりにすると変化があり、飽きなくてよい。内容や方法は、子どもたちと相談しながら決めるようにする。

月曜日……ミニゲーム　　火曜日……クイズ　　水曜日……紙芝居
木曜日……リコーダー　　金曜日……おすすめの本の紹介

１分間スピーチをおこなう

毎日、１～２名ずつ１分間程度の短いスピーチをする。子どもたちは、友達のスピーチを聞くのが大好きである。運営プログラムの中に１分間スピーチを入れると、話し手が毎回ちがうので変化があり、楽しくなる。

スピーチの内容は、「びっくりした話」「うれしかった話」「やってみたいことの話」などいろいろ考えられる。何を話してよいかわからない子どもには、「もしも」というテーマで話をさせるとよい。

日直が輪番で司会をする

これから
朝の会を
はじめます

- みんなであいさつ
- 健康観察
- 一日の予定
- ○○調べ（ハンカチ調べなど）
- １分間スピーチ
- 日替わりお楽しみタイム
- みんなで歌おう
- 先生の話

日替わりお楽しみタイムをつくる

月	ミニゲーム 	火	クイズ 
水	紙芝居 	木	リコーダー 
金	おすすめの本の紹介 この本を紹介します		

１分間スピーチをおこなう

ぼくは
うれしかった
話をします

わたしは
やってみたい
ことを
話します

もしも

- 大人だったら
- 願いがかなうなら
- タイムマシンがあったら
- 空を飛べたら

話すテーマが
見つからない
子どもには…

5 帰りの会のやり方

一日の終わりの活動として充実したものにする

帰りの会は、帰りのしたくや連絡帳書きなどをしてから始めるため、少しざわざわした状態になりがちである。そこで、運営プログラムをつくり、一日の終わりの活動として充実したものになるようにする。運営プログラムの内容は、およそ次のようなものにする。

●明日の連絡　●係や当番からの連絡　●よかったこと、がんばったことの発表　●みんなで歌おう　●先生の話

友達のがんばり、やさしさを発見し合う

帰りの会は、友達のよさ、がんばりを認め、子どもが輝く場所にする。友達の言動の中でよかったことや、やさしかったことを紹介し合い、友達のよさを認め合うようにする。日常的に発表を続け、内容を深めていくようにする。

「さようなら」のあとにもひと工夫する

帰りの会での「さようなら」のあいさつの後に、もうひと工夫すると子どもたちは「明日もがんばろう」という気持ちになる。

一つは、一人ひとりの子どもと握手をしながら、「明日もがんばろうね」「そうじをしっかりやれたね」などと声かけをする方法である。

もう一つは、時間に余裕がない場合、一人ひとりの子どもとハイタッチする方法である。

どちらの方法も、子どもとスキンシップをすることで明日への意欲を高めることができる。

一日の終わりの活動として充実したものにする

これから
帰りの会を
はじめます

- 明日の連絡
- 係や当番からの連絡
- よかったこと、がんばったことの発表
- みんなで歌おう
- 先生の話

友達のがんばり、やさしさを発見し合う

△△さんは、休み
時間に二重とびの
練習をがんばって
やっていました
○○さんは、
お休みした□□さんに
手紙を書いていました

「さようなら」のあとにもひと工夫する

握手と声かけ
そうじを
しっかり
やれたね
ハイタッチ

時間に余裕があるとき	時間に余裕がないとき

6

当番活動のやり方

給食当番のグループは一週間ごとに交替する

当番活動は係活動とはちがい、順番にまわってきて、誰もがやらなければならない仕事である。順番にまわってきてマンネリ化しやすいので、子どもたちのやる気を起こさせる工夫をすることが大切である。

当番に適しているものに、まず、給食当番がある。クラスをA・B二つのグループに分ける。一週間ごとにネームプレートを動かし、どの分担も経験できるようにする。給食当番の子どもが使う白衣、帽子、給食袋にはそれぞれ通し番号をつけ、一年間同じ番号のものを使わせる。

給食当番には、すばやく配膳させ、食事時間を確保するようにさせる。

掃除当番のグループは一週間ごとに場所を交替する

子どもたちにとって掃除は、やらされているという意識が強く、マンネリ化しやすい。そこで、掃除の必要性や正しい方法をつかませて、進んで取り組めるようにしていくことが大切である。掃除をするために同じ人数のグループをいくつか編成して、一週間程度で場所を交替していく。この方法は、いろいろな場所の掃除ができるよさがあるが、マンネリ化しやすい。そこで、教師は掃除場所をまわって、励ましの言葉をかけるようにする。

日直は日替わりで担当する

日直は、席順や名簿順で日替わり当番にする。2人でその日一日の日直を担当する。日直の仕事は、これだけは必要であるというものをみんなで決める。仕事の内容は、あまり多くなく簡単なものにする。日直の仕事が多すぎる場合は、別に教室当番をつくる。

給食当番のグループは一週間ごとに交替する

Aグループ
Bグループ

給食当番の服装は
一年間同じ番号の
ものを使う

わたしは
3番だわ

掃除当番のグループは一週間ごとに場所を交替する

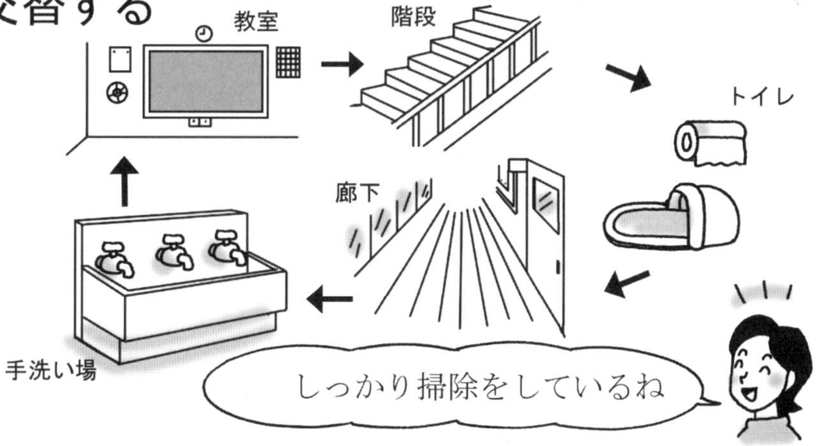
教室
階段
トイレ
廊下
手洗い場
しっかり掃除をしているね

日直は日替わりで担当する

これから朝の会を
はじめます

席順か名簿順で決める

- 電気をつける
- 窓をあける
- 朝の会の司会をする
- 号令をかける
- ………
- ………

多すぎないようにする

7

日直のやり方

日直の仕事は学級の実態に合わせて精選する

日直の仕事は、学校生活を送るうえで必要不可欠なものばかりである。仕事の内容は、学級の実態に合わせて、精選して決定する。仕事の量が多すぎると負担になり、やる気をそこなう場合があるので、気をつける。

仕事の内容は、次のようなものが考えられる。

●朝の会、帰りの会の司会　●授業の始めや終わりの号令　●給食時の号令　●学級日誌の記帳　●机の整とん　●電気つけ　●窓の開閉　●板書消し　など。

日直の仕事にしなかったものは、教室当番の仕事にするとよい。

朝の会でスピーチを担当させる

日直をしっかり行わせるために、「今日の主役」として１分間スピーチを日直の担当とする。スピーチは、あらかじめテーマを決めておいたり、４つの文でのスピーチと長さを決めておいたりすると、苦手な子でもうまくスピーチができるようになる。

スピーチのあとには、よかったところを子どもたちに発表させ、自信をもたせるようにする。

「ご苦労さまでした」とねぎらいの言葉をかける

日直として、一日の仕事をしっかり行うことができたら、学級全員で「ご苦労さまでした」とねぎらいの言葉をかける。また、教師は握手やハイタッチなどをして、スキンシップをする。このようにすることによって、「また日直をやりたいな」という気持ちをもたせることができる。

日直の仕事は学級の実態に合わせて精選する

朝の会・帰りの会の司会	授業の始めや終わりの号令
給食時の号令	学級日誌の記帳
机の整とん	電気つけ
窓の開閉	板書消し

日直の仕事にしなかったものは、教室当番の仕事にする

朝の会でスピーチを担当させる

うまくスピーチするポイント

- スピーチのテーマをあらかじめ決めておく
- ４つの文でのスピーチにする

大きな声で聞きやすかったよ
自分の感想も言えたのでよかったよ

「ご苦労さまでした」とねぎらいの言葉をかける

ご苦労さまでした

言葉をかける

ハイタッチする
握手する

スキンシップをする

8

係活動のすすめ方

学級を楽しくする係を出し合う

係活動は、学級生活をより楽しく豊かにしていく活動、子どもたちの発意・発想が重視され創意工夫ができる活動である。したがって、みんなのために役立つもの、自分が仕事をして楽しくなるもの、工夫したり発展させたりすることができるものを出し合って、係をつくるとよい。

今までに経験した係の中でよかった係を出し合ったり、教師が楽しそうな係を紹介したりするとよい。

子どもの希望を優先して所属を決める

子どもたちに人気があるのは、次のような楽しくなる係である。

●クイズ係　●ゲーム係　●新聞係　●音楽係　●図書係　●生き物係　●百人一首係　●紙芝居係　●折り紙係　●イラスト係

係を受けもつ人数は全部同じにするのではなく、必要な人数を話し合って決めるようにする。また、係への所属は、子どもの希望を優先しながら決めるようにする。

係ごとに集まってミーティングをする

係の分担が決まったら、係ごとに集まって話し合いをし、次のことを決める。

- 係のリーダーを決める。
- 仕事の内容、どんなことをしていくかをはっきりさせる。
- 係の活動日を決める。
- 係ごとにポスターを作り、係コーナーに掲示する。

学級を楽しくする係を出し合う

- みんなのためになるもの
- 自分が仕事をして楽しくなるもの
- 工夫したり、発展させたりすることができるもの

クイズ係があったら楽しくなるよ
新聞係があったら、みんなの役に立つよ

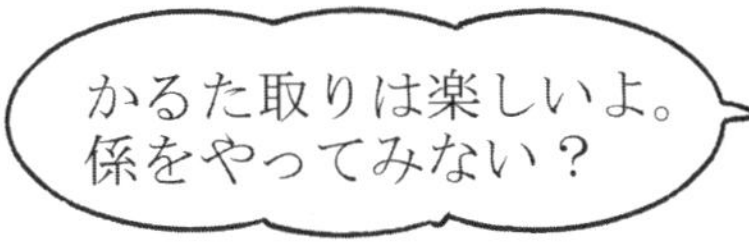
かるた取りは楽しいよ。係をやってみない？

子どもの希望を優先して所属を決める

紙芝居係は読む人がたくさんいたほうがいいよ
生き物係はたくさんいなくてもやれるよ

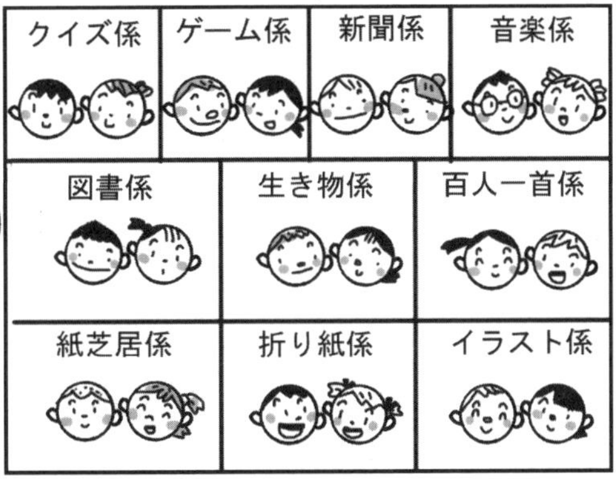
クイズ係
ゲーム係
新聞係
音楽係
図書係
生き物係
百人一首係
紙芝居係
折り紙係
イラスト係

係に必要な人数を決める → 係の所属を決める

係ごとに集まってミーティングをする

わたしリーダーをやりたい

話し合い

- 係のリーダーを決める
- 仕事の内容をはっきりさせる
- 係の活動日を決める
- ポスターを作り、掲示する

9

話し合い活動のやり方

話し合いの必要性と内容を明確にする

話し合いを進めるうえで大切なことは、全員の子どもに話し合う必要性が理解されていることである。みんなで話し合って解決すべき重要な問題であることがわかっていないと、子どもたちの関心は低くなり、活発な話し合いにならない。

また、何について話し合うのかも全員の子どもに徹底しておかないと、話し合いに深まりもなくなる。

話しやすい雰囲気をつくる

話し合いの雰囲気をつくるためには、座席を工夫すると効果的である。お互いの顔を見て話し合いができるコの字型にしたり、生活班ごとに机をくっつけたりして、話しやすい雰囲気をつくるようにする。

また、司会や黒板書記やノート書記などの係を子どもたちに輪番でやらせたり、話し合いの進め方マニュアルを示したりして、話しやすい雰囲気をつくるようにもする。

小集団での話し合いを取り入れる

話し合いは、いつも全体で行っていると、全員の子どもの意見を引き出しにくい。発言力のある子どもが話し合いをリードしてしまうと、発言力のない子どもたちは聞き役に回り、話し合う意欲を失ってしまう。

そこで、全体での話し合いばかりでなく、生活班や係別や問題別などのいろいろな小集団で話し合いをする場面を取り入れ、話し合う意欲を高めるようにする。

話し合いの必要性と内容を明確にする

今からおたのしみ会について話し合いをします
5月のおたのしみ会は
全員が楽しめなかったので
どうしたらいいか話し合うんだな
おたのしみ会の内容を
決めるんだな

話しやすい雰囲気をつくる

●座席の工夫

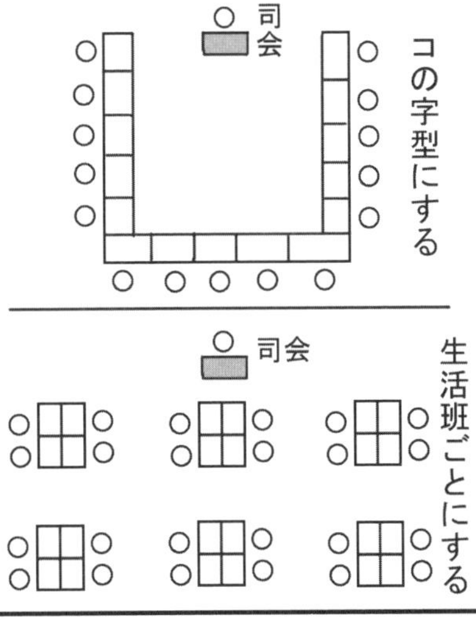
司会
コの字型にする
司会
生活班ごとにする

●係を輪番でする

黒板書記
ノート書記
司会

●話し合いの進め方マニュアルを示す

・これから第（　）回、
　[　　　　]をはじめます。
・今日のぎだいは（　　）です。
・ぎだいを出した理由を（　）さん
　に言ってもらいます。
・今日話し合うことは
　（　　　　　　）です。

小集団での話し合いを取り入れる

全体
深めたいとき
小集団
・生活班
・係別
・問題別

10

忘れ物の指導

忘れ物をしたときの対応を教える

誰でも忘れ物をすることがある。どんなに気をつけていても、うっかり忘れ物をしてしまう。忘れ物をした子どもは、「しまった」と思っているのに、そのことを叱ったり、責めたりしても、子どもは萎縮してしまうだけである。

大切なことは、「忘れ物をしたときにどうするか」「これからどうするか」を子どもに教えることである。

連絡帳の書かせ方を工夫する

忘れ物をしないようにするには、連絡帳にきちんと書く習慣をつけさせることが大切である。連絡帳に書かせるときには、二つの工夫をするとよい。一つめは、子どもたちの連絡帳と同じ書式の連絡黒板コーナーを設けることである。板書と同じように書けばよいので、子どもたちの書き忘れが減る。二つめは、連絡帳を書く習慣化である。毎日、いつも決まった時間に書かせ、担任がチェックする。下校の間際だとあわててしまうので、できるだけ早めに書くようにする。

忘れ物をしない工夫をする

家庭では、連絡帳を見ながら持ち物を用意するように指導する。その際、教科書やノートはセットにしてランドセルに入れること、寝る前に用意し翌朝もう一度確認すること、大切なものはすぐにランドセルに入れておくことなどを指導する。忘れ物が多い子どもについては、保護者に連絡し、家庭の協力を依頼すると効果的である。

忘れ物をしたときの対応を教える

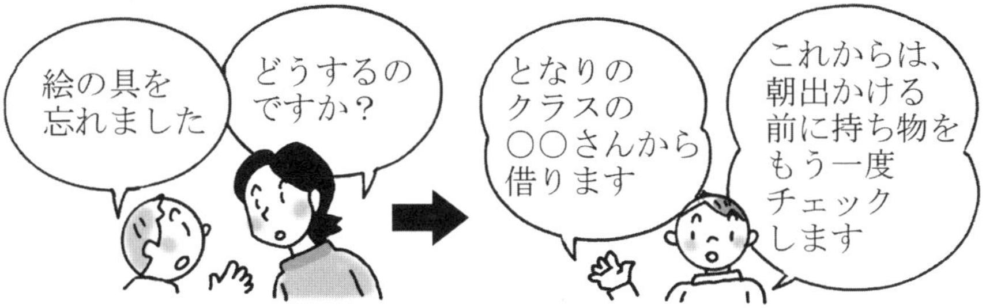
絵の具を
忘れました
どうするの
ですか？
となりの
クラスの
○○さんから
借ります
これからは、
朝出かける
前に持ち物を
もう一度
チェック
します

連絡帳の書かせ方を工夫する

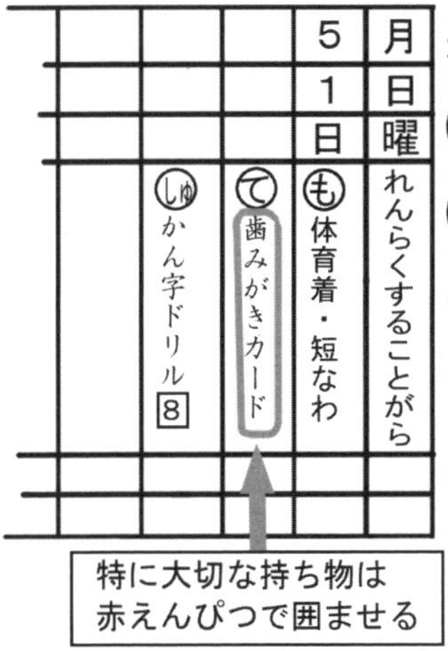
5月1日日曜
れんらくすることがら
Ⓜ体育着・短なわ
㋢歯みがきカード
しゅかん字ドリル8
特に大切な持ち物は
赤えんぴつで囲ませる

連絡黒板の工夫

- Ⓜ 持ち物
- ㋢ 提出物
- しゅ 宿題

※裏にマグネット
をつける

連絡帳を書く習慣化

板書を見て書く

連絡帳を見せる
チェック
（サイン・印）

忘れ物をしない工夫をする

連絡帳を見ながら持ち物を用意する

・教科書とノートは
セットにする

算数ノート
算数
4上

・寝る前と翌朝に
確認する

・大切なものはすぐ
ランドセルに入れる

忘れ物が多い
子どもには家庭の
協力を依頼する

忘れ物はないの？
もう一度確かめ
なさい

11

学級じまいのやり方

「思い出ビンゴ」で学級の出来事を振り返る

学級じまいでは、一年間を振り返り、いろいろあったことを思い出すことで、自分たちの成長を確かめ合い、自信につなげるようにする。

「○年○組の思い出ビンゴ」を行って、一年間あったいろいろな出来事を思い出す方法がある。

- みんなで一年間の出来事や楽しかったことを思い出し、それを画用紙を切って作った短冊カードに書き、黒板にはり出す。
- 黒板にはり出された短冊カードから、九つ選んで自分のビンゴ用紙（3×3マス）に書く。
- 黒板にはっておいた短冊カードを箱の中に入れる。
- 一つずつカードを引いて読み上げ、自分がビンゴ用紙に書いた項目が出たら、ビンゴ用紙に○印をつける。○印がたて・よこ・ななめに三つそろったら「ビンゴ！」と言う。

「思い出バスケット」で一人ひとりの成長を認め合う

学級じまいでは、みんなの楽しい思い出や出来事ばかりではなく、一人ひとりのがんばりや成長も振り返るようにする。「フルーツバスケット」と同じやり方で、「思い出バスケット」を行って、振り返る方法がある。

- おには真ん中に立ち、「学校を一日も休まなかった人」「そうじをがんばった人」などと自分ががんばったことを言う。
- 全員を動かしたいときは、「思い出バスケット」と言う。
- 同じ題を何度言ってもよいことにする。

「思い出ビンゴ」で学級の出来事を振り返る

4年1組の思い出
学芸会
運動会
遠足
水泳
みんながたくさん泳げるようになったよ
ビンゴ用紙
なわとび
読書
遠足
水泳
運動会
ローマ字
紙すき
学芸会
音楽会
学芸会
学芸会
ビンゴ！
ビンゴ

「思い出バスケット」で一人ひとりの成長を認め合う

学校を一日も休まなかった人

2

子どもを理解するために

1

子どもとの ふれあいをつくる

子どもと一緒にあそぶ

子どもを理解し、心をつかむには、子どもとの温かなふれあいをたくさんつくることが大切である。

なんと言っても一番よいのが、子どもと一緒にあそぶことである。子どもは教師と一緒にあそぶことが大好きである。何かと忙しい休み時間であるが、子どもと一緒にあそぶ曜日を決めて、できるだけあそぶようにする。あそびは、おにごっこのようにみんなで楽しくあそべるものにするとよい。

子どもとおしゃべりをする

子どもとおしゃべりをするのもよい。忙しい学校生活であるが、休み時間や放課後やちょっとした時間を見つけて、子どもとおしゃべりをする。「先生、あのね、家族でカラオケに行ったんだよ」「どんな曲を歌ったのかな」などと気軽におしゃべりをするのである。その際、受容的な態度で接することが大切である。

子どもと一緒に給食を食べる

班の子どもと一緒に給食を食べるのもよい方法である。給食時間は、子どもがリラックスしているので、話がはずみ、子どもの思いを聞く絶好の機会である。楽しかったこと・勉強・友達・家族のことなどを話題にするとよい。また、教師から「勉強や友達のことで困っていることはありませんか」とたずねてみるのもよい。

子どもと一緒にあそぶ

今日は
子どもたちと
あそぶ曜日だな
つかまえた
助けて
今、行くよ
助けるよ
こおりおに

子どもとおしゃべりをする

先生、
あのね、
家族で
カラオケに
行ったんだよ
どんな曲を
歌ったのかな
受容的な態度で
接する

子どもと一緒に給食を食べる

勉強や友達の
ことで
困っている
ことはあり
ませんか

（話題例）
楽しかったこと・勉強・友達・家族のこと

2

子どもの話をじっくり聞く

話を聞いてもらえた体験を積み重ねる

子どもを理解するには、じっくり子どもの話を聞くことが重要である。話を聞いてもらえることで、子どもは自分が認められているという安心感をもつ。そして、心の中に他者を受け入れる余裕が生まれ、教師の話に耳を傾けるようになる。

話を聞いてもらえた心地よい体験を積み重ねることによって、子どもは、どんどん本音で話をするようになってくる。

子ども自身に考えさせる

子どもの話を聞くときには、「コーチング」の考え方を生かすとよい。「コーチング」の考え方は、「このようにするとよい」と教えるのではなく、子どもの力を引き出し、子ども自身に考えさせるようにするやり方である。

具体的には子どもの話をじっくり聞き、子どものことを認め、ほめ、励ますようにする。そして、子ども自身が自分の問題に気づき、考え、解決しようとするように導いていくのである。

共感的に理解しながら聞く

子どもの話を聞くときには、共感的に理解しながら聞くことも大切である。話の内容が子どもにとってうれしかった内容、楽しかった内容のときには、「うん、それはすごい」「よかったね」などとうなずきながら聞くようにする。反対に、子どもにとって苦しい内容、つらい内容のときには、「それは苦しかったね」「それは悲しいね」などと子どもの言葉を繰り返して聞くようにする。

話を聞いてもらえた体験を積み重ねる

わたしね、今日もねぼうしてしまって朝ごはんを食べてないんだよ。おなかすいたよ
おなかすいたね。給食をいっぱい食べてね

子ども自身に考えさせる

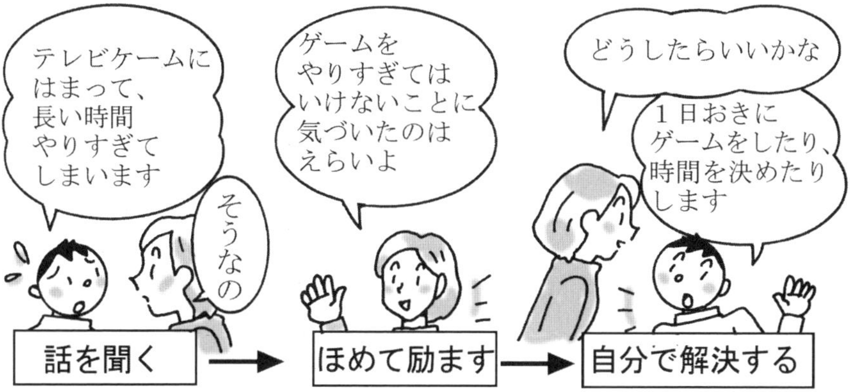

テレビゲームにはまって、長い時間やりすぎてしまいます
そうなの
ゲームをやりすぎてはいけないことに気づいたのはえらいよ
どうしたらいいかな
1日おきにゲームをしたり、時間を決めたりします
話を聞く
ほめて励ます
自分で解決する

共感的に理解しながら聞く

ぼくね、お父さんとつりに行って魚を5ひきもつったんだよ
それはすごいね
わたしね、○○さんとあそぶ約束をしていたのにだめと言われたんだよ。悲しいよ
それは悲しいね
うれしい話・楽しい話
苦しい話・つらい話

3 子どもの心を開く工夫をする

子どもと一緒に活動し、かかわりをもつ

子どもの心を開くには、教師が子どもといっしょに行動し、子どもとかかわることが大切である。「○○さんは、ほうきの使い方が上手だね」と声をかけながら、子どもといっしょにそうじをするのもよい。「○○さんは、給食の配膳が早いね」と声をかけながら、給食当番を手伝うのもよい。とにかく、教師が子どもといっしょに活動することによって、子どもとの距離が縮まり、子どもの心を開くことができるのである。

対話を積み重ね、安心感をもたせる

本読みで声の小さな子どもに「もう少し大きな声で読んでごらん」と言うことがよくある。教師は善意で、何とか大きな声で読めるようにしようと思って言ったひと言が、子どもによっては、「無理やり読まされた」ととらえてしまうことがある。同じことを言っても、子どものとらえ方や感じ方がちがうことをよく理解しておくことが大切である。

したがって、一人ひとりの子どもの心のうちを理解するために、対話を積み重ね、子どもが「先生は、わたしのことをわかってくれる」という安心感をもてるようにする。

子どもに反省を促すように叱る

子どもの心を開くために、叱るべきところできっぱり叱ることも大切である。子どもの行為の「非」をわかりやすく指摘し、自分の過ちに気づかせるようにする。そして、責任をとらせるようにする。このようにすることによって、子どもは反発しないで、心を開くようになる。

子どもと一緒に活動し、かかわりをもつ

○○さんは、ほうきの使い方が上手だね
先生もそうじするんだな
○○さんは給食の配膳が早いね
先生はスープのよそい方が早いな

対話を積み重ね、安心感をもたせる

×
もう少し大きな声で読んでごらん
大きな声で読めるようにしたいな
無理やり読まされていやだな
○
なぜ声が小さくなるのかな
まちがえないか心配なんです

子どもに反省を促すように叱る

机に落書きをするのは悪いことだね
悪い行為を指摘する
みんなが使う机をよごしたのは悪いことだな
気づかせる
消しゴムで落書きをきれいに消そうね
はい
責任をとらせる

4

メッセージを送る

ミニレターを手渡す

教師から子どもに常にメッセージを送ることは、子どもとの信頼関係をつくるうえでとても大切である。

ミニレターカードを用意し、ちょっとしたがんばりや成長が見られたら、すぐに書いてミニレターを子どもに手渡す。積極的に教師に話しかけてこないおとなしい子どもには、どんどんミニレターを手渡し、気軽にしゃべれる関係をつくるようにする。

子どもの写真を撮り手渡す

子どもが教科の学習、係活動、集会活動などいろいろな場面で活躍している様子をデジタルカメラで撮影し、コンピュータとプリンターを使ってメッセージカードを作成する。カードには、写真と簡単なコメントを書き、定期的に子どもに手渡すようにする。写真は個人写真ばかりではなく、グループ写真、学級全員の集合写真とバラエティーに富ませるとよい。

握手と言葉かけをする

低学年では、下校時別れるときに握手や言葉かけをすることが多いが、中学年でもスキンシップは大切である。下校時もいろいろと忙しくあまり時間がとれないことが多いが、曜日を決めて、一人ひとりの子どもとしっかり握手をして、「今日たくさん発表できたね」「ローマ字をすらすら読めたね」などと声かけをする。このようにすることによって、子どもは「明日もがんばろう」という気持ちになる。

ミニレターを手渡す

○○さんは
短なわで
二重跳びができる
ようになったな
ミニレター
根気強く練習して
ついに二重跳びが
できたね。
よくがんばり
ました。

子どもの写真を撮り手渡す

・教科学習
・係活動
・集会活動
→デジタルカメラで撮影する→

グループ写真
個人写真
音楽会
集合写真

バラエティに富んだ場面と写真にする

握手と言葉かけをする

今日、
たくさん
発表できたね
ローマ字を
すらすら
読めたね

5

ほめ方を工夫する

ほめた理由を子どもに伝える

ほめることは、子どもをおだてることではない。教師の意に添うように行動させるのではなく、子どもの努力を評価したり、子どものよさに気づかせたりすることが大切である。

子どもをほめるときには、ほめ方の原則がある。一つめは、ほめた理由を子どもに伝えることである。たとえば、「○○さんのあいさつはとてもいいね。大きな声で自分からあいさつできるのは、すばらしいことです」と、ほめた理由も伝えるのである。

小さなことをほめる

二つめは、小さなことでもどんどんほめることである。どんなささいなこと、あたりまえなことであっても、ほめるようにする。たとえば、板書を上手に消すことができたら、「○○さんは、黒板の字を消すのが上手だね。新品の黒板みたいになったよ」「○○くんは、大きな声で返事ができるね。みんなのお手本だね」などとほめるのである。

繰り返しほめる

三つめは、繰り返しほめることである。以前にほめたことであっても、たとえば「○○さんは、今日もまたそうじをがんばっているね。すばらしいね」とほめるのである。同じ内容についてほめられても、子どもはほめられるとうれしいものである。子どものよいところを見つけて、繰り返しほめることによって、子どもはだんだん自立的・自律的に行動できるようになってくる。

ほめた理由を子どもに伝える

おはよう
ございます！
○○さんのあいさつは
とてもいいね。
大きな声で自分から
できるのは
すばらしいことです

小さなことをほめる

○○さんは黒板の字を
消すのが上手だね。
新品の黒板みたいに
なったよ

ハイ
○○くんは、
大きな声で
返事ができるね。
みんなの
お手本だね

繰り返しほめる

○○さんは
今日もまた
そうじを
がんばって
いるね。
すばらしいね
また
ほめられた

6

叱り方を工夫する

何が悪かったかをはっきり示す

今の子どもたちは、失敗したり叱られたりする経験が乏しく、ちょっとした注意や失敗で落ち込んでしまいがちである。したがって、効果的な叱り方を工夫することが大切である。まず大切なことは、何が悪かったのかを子どもたちにはっきり示すことである。子どもを頭ごなしに叱っても、本人が納得しなければ効果はない。子どもの言い分を最後までよく聞いて、何が悪かったのかをわからせて、納得させるようにする。

子どもの言い訳に屈しない

子どもの言い分を聞いているときに、必ず出てくるのが「○○さんだってやっていたよ」という言い訳である。子どもは、自分の悪いおこないを棚に上げ、友達の名前を出して焦点をぼかそうとする。

そのようなときには、「○○さんのことは聞いていません。あなたがやったことを聞いているのです」ときっぱり言い、自分自身のおこないをしっかり反省させるようにする。

「ごめんなさい」と言えるように導く

子どもの悪いおこないを反省させたら、悪かったことについて「ごめんなさい」と謝らせることも大切である。たとえば、けんかをしたとき、表面だけで「ごめんなさい」と言わせて仲直りさせても、解決にはならない。両方の子どもが自分の悪いことをした部分に目を向け、「ごめんなさい」と言えるように導く。そして、「きちんと謝ることができて、えらいね」とほめる。

何が悪かったかをはっきり示す

あなたがやったことは
いいこと？　悪いこと？
悪いことだよ
何が
悪かったの
かな？
あそんだあと
のボールの
片づけを
○○くんに
ばかりやらせた
ことだよ

子どもの言い訳に屈しない

ほうきを振り回して
野球のまねをしたら
だめじゃない
○○さん
だって
やっていたよ
○○さんのことは
聞いていません。
あなたがやった
ことを聞いて
いるのです

「ごめんなさい」と言えるように導く

×
2人とも
「ごめんなさい」
と謝りなさい
ごめんなさい
いやがることを
言う方が
悪いんだ
たたかなく
ても
いいのにな
○
2人とも
きちんと謝る
ことができて
えらいね
ごめんなさい
○○さんを
たたいたのは
悪かったな
○○さんのいや
がることを言った
のが悪かったな

7 多様な見方をする

担任が何もかも抱え込まない

担任は子どもの成長を願い、学習や生活の指導を精一杯しようとする。しかし、力が入りすぎてしまい、先入観にとらわれて、子どもの一面しか見ていないことがよくある。

子どもを理解しようとして、自分で何もかも抱え込んでしまうと、うまくいかなくなってしまう。

そこで、子どもの可能性をより多面的にとらえるために、学年で情報を共有し、子どもを理解していくようにすることが大切である。

学年の教師で具体的な指導の手立てを考える

問題を起こした子に対しては、やってしまったことを責めても解決にならない。その子がそのような行動をした状況を、事実をもとに話し合い、共感的に受けとめるようにする。そして、学年の教師で知恵を出し合い、どのようにしたらよいか具体的な指導の手立てを考える。

情報を提供し合い、複数の目で見守る

目立たない子、気になる子に対しては、担任が気づきにくいことを補うために、学年の教師で情報を提供し合い、常に複数の目で子どもたちの生活を見守るようにする。

目立たない子、気になる子ががんばっている姿、友達にやさしくしている姿などを見つけたら、すぐ担任に報告する。そして、担任は「○○さんは、休み時間に2年生に一輪車の乗り方を教えてあげていました」などと学級の子どもたちに紹介し、友達に認められるようにする。

担任が何もかも抱え込まない

○○くんは全く困ったもんだわ。今日もそうじ中にけんかをしている
どうしたらいいだろう？
学年の先生と相談する
情報を提供し合う

学年の教師で具体的な指導の手立てを考える

○○さんは友達に対してすぐ気にさわることを言ってトラブルになります
友達と親しくなろうとしたいんじゃないかな
自分が気にさわること言われたら、どんな気持ちになるかを考えさせてみたら？

情報を提供し合い、複数の目で見守る

○○さんは、休み時間に一輪車の乗り方を教えてあげていましたよ
学級のみんなに紹介しよう

8

いじめ問題に対応する

いじめ問題について正しい理解をする

いじめ問題については、正しい理解をすることが大切である。教師が見て「これくらいは、いじめとは言わない」と判断するのはまちがっている。被害者の子どもの心が傷つき、「いじめられて、つらい」と思えば、それはいじめであるというとらえ方が大切である。

また、「いじめている子どもも悪いが、いじめられている子どもにも問題がある」というとらえ方もまちがっている。

傍観者もいじめの加害者であることを伝える

いじめは、仲良し集団の中で起こりやすい。そのため、見つけにくいのが特徴である。子どもたちの中に、「先生、相談があるんだけれど……」と言ってくれる子どもがいると、いじめを発見することができる。

そのためには、いじめを見て見ぬふりをしている傍観者も、いじめの加害者であることを子どもたちに繰り返し語りかけることが大切である。

被害者と加害者の子どもの心を受けとめる

いじめが起こってしまったら、真っ先にやらなくてはいけないことは、教師が被害者の子どもの心をしっかり受けとめることである。いじめに気づくことができなかったことをあやまり、被害者のつらい気持ちを共感的に理解するようにする。

また、加害者の子どもには、いじめをしたことを認めさせ、解決策を子どもといっしょに考えるようにする。その際、加害者の子どもも大切な存在なので、立ち直ってほしいと語りかけることが大切である。

いじめ問題について正しい理解をする

×
このくらいは
いじめとは
言わないかな
借せ
×
いじめている子どもも
悪いが、いじめられて
いる子どもにも
問題がある
なんで
ちゃんと
できないん
だよ！

傍観者もいじめの加害者であることを伝える

えいっ
やめてよ
いじめを見て見ぬ
ふりをしている子も
いじめをしている
ことになります

被害者と加害者の子どもの心を受けとめる

いじめに
気づくことが
できなくて
ごめんね。
つらかったね
ストレスがたまって
○○さんをいじめたんだね
あなたも大切な
子どもです。
早く立ち直って
ほしいな

被害者の子どもの心を受けとめる	加害者の子どもの心を受けとめる

3

教室環境づくり

1

全部の壁面を活用する

前面の掲示を工夫する

新しい学年に進級した子どもたちは、「わあ、ここがぼくたちの、わたしたちの教室だ」と喜びでいっぱいである。この教室を安心して明るく毎日が過ごせるような環境、学習や生活の意欲がわくような環境にする。

前面は、子どもの日常生活に関係の深いものを掲示する。たとえば、学級目標、今月の目標、時間割表、給食当番表、そうじ当番表、日直の仕事表、学年通信、学級通信などである。

側面の掲示を工夫する

側面は、学級の組織図を掲示する。たとえば、一年間の行事、学級の友達の誕生日表、係のメンバー表、班やグループのメンバー表、係活動の紹介ポスターなどである。

側面の掲示物をひと目見れば、学級の様子、子どもたちの活動の様子がわかるようにするとよい。

背面の掲示を工夫する

背面は、学習や生活にかかわるものを掲示する。たとえば、図工や習字の作品、自己紹介カード、子どもたちの今月のめあて、調べ学習の作品、係からのお願いやお知らせ、「花の木」の掲示物などである。

また背面黒板には「今月のおもな行事」などを書き、有効利用する。

背面は、子どもたちの学習や生活にかかわる常時活動が見える掲示になるようにするとよい。

前面の掲示を工夫する

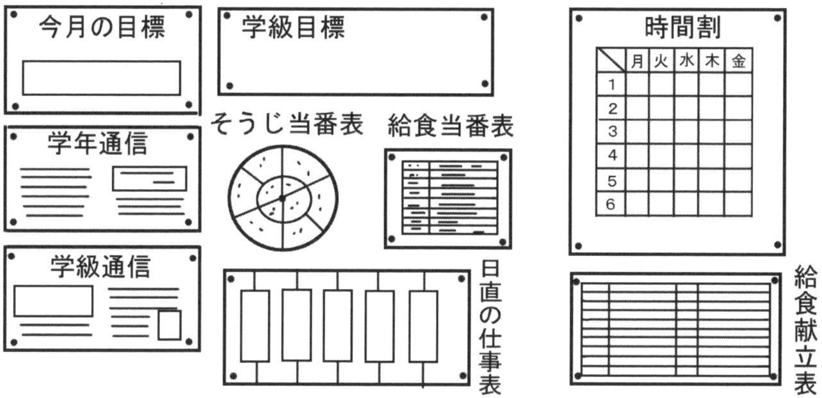

側面の掲示を工夫する

背面の掲示を工夫する

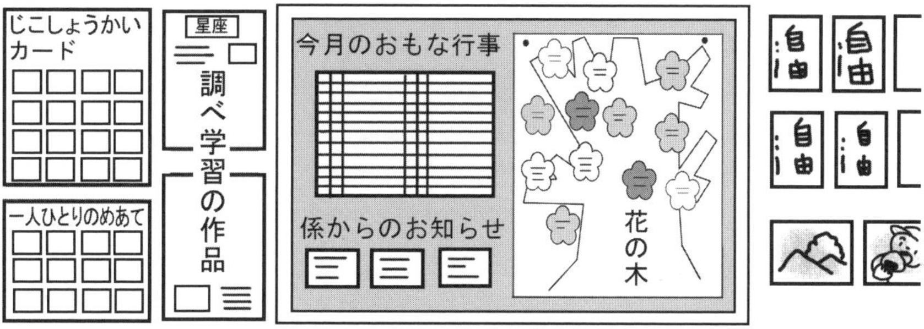

2

めあてのカードを掲示する

自分のめあては具体的なものにし、一つにしぼる

「１学期には○○をできるようにしよう」「２学期には○○をできるようにしよう」などと各学期ごとに一人ひとりの子どもが、めあてをしっかりもって学校生活を送ることが大切である。

そこで、学期始めに一人ひとりの子どもにめあてをつくらせるようにする。めあては、「勉強をがんばる」「国語をがんばる」といっためあてではなく、何をどのようにがんばるのか、具体的なものにする。

子どもによっては、めあてを三つも四つも考える子がいるが、長く持続できるようなことを、一つにしぼらせる。学習面、生活面に分け、一つずつめあてを考えるのもよい。

自分のめあてを定期的に振り返る場面を設定する

めあてをつくったら、めあてを書いたカードを掲示し、いつも心がけることができるようにする。しかし、掲示しておいただけでは忘れがちになるので、定期的に振り返って、自分を見つめることができるようにする。振り返りを確実にするために、毎週金曜日の帰りの会の時など、振り返りのしやすい時間を決めて振り返り、めあてができていたらシールをはる。

自分のめあてを定期的に発表する

めあてをいつも心がけることができるようにするには、学級のみんなの前で自分のめあてを定期的に発表するようにしてもよい。「わたしのめあては、忘れ物がないようにすることです」と発信し続ければ、友達からも注目され、常にめあてが意識化されるようになる。

自分のめあては具体的なものにし、一つにしぼる

毎日、
本を読もう
計算練習を
しっかり
やろう
なわとびの
二重とびを
できるように
しよう
手あらい、
うがいを
しっかり
しよう
学習面
生活面

自分のめあてを定期的に振り返る場面を設定する

1学期のめあて
毎日本を読む
1学期のめあて
わすれものを
しない!

毎週金曜日の帰りの会の時間に振り返る

自分のめあてを定期的に発表する

わたしのめあては
忘れ物が
ないように
することです
ぼくの
めあては
ノートの字を
ていねいに
書くことです

3 メッセージカードを掲示する

友達のよいところをメッセージカードに書く

一人ひとりの子どもが、友達から自分のよいところについてのメッセージをもらい、自分のことを知り、自分が好きになるような取り組みを毎月、2か月ごとというように定期的に行う。やり方は、次のようにする。

子どもたちに色画用紙でいろいろな形に切ったメッセージカードを渡す。100円ショップで売っているいろいろな形の付箋でもよい。子どもたちは、そのメッセージカードに友達のよいところを書く。

メッセージの内容は具体的に書く

メッセージカードを1枚ももらえない子をなくすために、メッセージを書く相手は、生活班の中で指定する。決められた子について書けたら、別の子にも書いてもよいことにする。書く内容は、「なわとびの二重とびのやり方を教えてくれてありがとう」「こぼれた牛乳をいっしょにふいてくれてありがとう」などと具体的に書く。

メッセージカードを大きな台紙にはり掲示する

メッセージカードは、その内容を読み上げて友達に手渡す。一人ひとりの子どもがもらったメッセージカードは、学級の子どもたちにも紹介するように工夫する。

1枚の大きな台紙（模造紙）に色とりどりのメッセージカードをはりつけ、掲示する。1か月ごと、2か月ごとというように定期的にメッセージカードの交換会を行うと、一年間を通じてメッセージカードが提示されることになる。

友達のよいところをメッセージカードに書く

ありがとう
よいところ
見つけたよ
メッセージカード
色画用紙
（いろいろな色）
100円ショップで売っている
付箋でもよい

メッセージの内容は具体的に書く

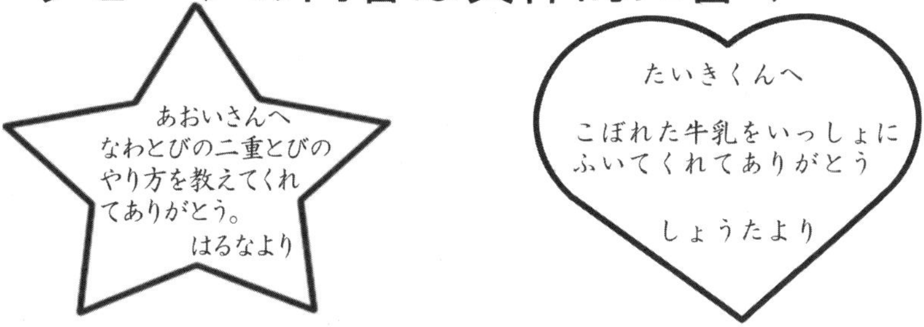
あおいさんへ
なわとびの二重とびの
やり方を教えてくれ
てありがとう。
はるなより
たいきくんへ
こぼれた牛乳をいっしょに
ふいてくれてありがとう
しょうたより

- 必ず生活班の中で書く相手を決める
- 別の子にも書いてもよい

メッセージカードを大きな台紙にはり掲示する

……….。
ありがとう

メッセージを読んで
手渡す

5月
すてきなところ
見つけたよ！

4

「花の木」の掲示物をかざる

友達のがんばっている姿、やさしい行為を紹介し合う

子どもどうしのつながりを深めるには、友達のがんばっている姿や友達のやさしい行為を紹介し、認め合い励まし合えるようにしていくことが大切である。

そこで、帰りの会で友達のがんばっている姿ややさしい行為を紹介するコーナーを設ける。そして、紹介し合った内容は花びらの形に切った紙に書かせて、木の形をした台紙にどんどんはっていくようにする。

「花の木」のつくり方

台紙の木は、あらかじめ白い模造紙に、色画用紙で木の形をつくり、はっておく。花びらの形に切った紙は、数種類の色を用意しておき、台紙の木にはったときに華やかになるようにする。

花びらをどんどんはっていき、花が満開になったら、台紙を教室の側面の壁にはり替える。そして、新しい台紙を背面の黒板にはる。

「花の木」の取り組みを一年間続ける

この「花の木」の掲示物をつくる取り組みは、一年間を通して続けるようにする。そして、教室の壁面を「花の木」でいっぱいにする。

ひと目見ただけで、誰がどんなことでがんばったか、誰がどんなやさしいことをしたかがわかるので、子どもたちの自信につながる。また、保護者には学級の様子を知らせることができる。

学級通信で、花びらに書いてある内容を定期的に知らせるのもよい。その際には、全員の子どもの名前ができるだけ同じ回数載るようにする。

友達のがんばっている姿、やさしい行為を紹介し合う

あゆみさんは、休み時間におり紙でかざりを作っていました
ゆうたくんは、運動場でないていた１年生をなぐさめていました
5/10
あゆみさんは、休み時間におり紙でかざりを作っていました　みさきより
5/10
ゆうたくんは、運動場でないていた１年生をなぐさめていました　あきとより

「花の木」のつくり方

桃色
黄色
橙色

「花の木」の取り組みを一年間続ける

がんばっている子が多いなあ
やさしい子も多いなあ
子どもたちはがんばっているのね
学級の様子がよくわかるわ

5

学習コーナーをつくる

子どもたちが学び合い、認め合う場にする

学習コーナーは、子どもたちの学習意欲を向上させ、子どもたちが学び合い、認め合う場となるので、ぜひ設けるようにしたい。

4年生になると、子どもたちの自主学習の内容は充実したものになってくる。また、計画的・継続的にも取り組めるようになってくる。

そこで、自主学習したものを学習コーナーに掲示したり展示したりして、子どもたちの学習意欲を高めるようにする。

掲示・展示する作品の基準をつくる

学習コーナーに掲示・展示するものは、次のようなものがよい。

- 学習意欲を引き出すもの
  ことわざ調べ、都道府県名調べ、日本の「川」「山」調べなど
- 学習の過程や成果がわかるもの
  詩、点字ブロックの場所調べ、地球にやさしい生活のしかた調べなど
- 今後の学習のヒントになるもの
  いろいろな長さのストローを用意し、3本使った三角形づくりなど

学習コーナーで配慮すること

学習コーナーをつくるときには、次のことを配慮する。

- 特定の子どもの作品だけを掲示したり展示したりしない。
- 子どもが心をこめて仕上げた作品なので、教師の温かな言葉を添える。
- 漢字テスト一覧表、なわとび一覧表などのように、プライバシーに関する内容は掲示しないようにする。

子どもたちが学び合い、認め合う場にする

○○くん、がんばって日本の川を調べたなあ
日本の川調べ
千曲川
信濃川
最上川
利根川
天竜川
四万十川
わたしは山を調べてみようかな

掲示・展示する作品の基準をつくる

（例） ●ことわざ調べ ●都道府県名調べ ●日本の「川」「山」調べ 	（例） ●詩 ●点字ブロックの場所調べ ●地球にやさしい生活のしかた調べ 	（例） ●ストローを使った三角形つくり 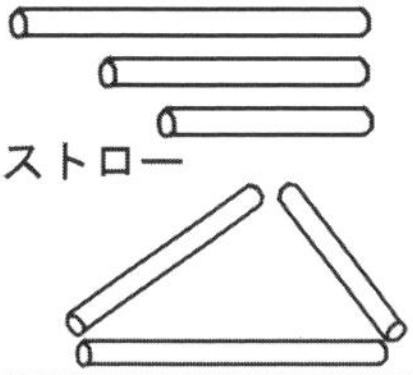
学習意欲を引き出すもの	学習の過程や成果がわかるもの	今後の学習のヒントになるもの

学習コーナーで配慮すること

× 点字ブロックの場所調べ ・手すり ・エレベーター また○○さんの作品がはってあるよ	× 北風 夕日 がんばって書いたのに先生はどう思ったのかな	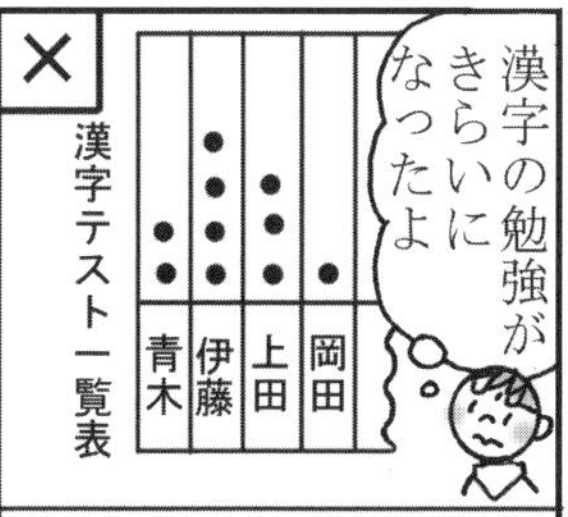× 漢字テスト一覧表 青木 伊藤 上田 岡田 漢字の勉強がきらいになったよ
特定の子どもの作品だけを掲示したり展示したりしない	教師のコメントのない作品を掲示しない	プライバシーに関する内容は掲示しない

6

読書コーナーをつくる

学級文庫にたっぷり本をそろえ、並べ方をひと工夫する

本を読む習慣をつけると、本の楽しさがわかってくる。また、読み手の心が耕され、新しい世界が広がってくる。そこで、本と親しむことができるように読書コーナーを設けるようにする。

読書コーナーには、学級文庫を設け、たっぷりと本をそろえておく。物語、伝記、図鑑、「○○のひみつ」シリーズなどいろいろなジャンルの本をそろえておく。

子どもたちに興味をもってもらうために、読み聞かせに使った本、季節や行事に合った本を集めて、並べておくようにもする。

図書係が読書新聞を作る

図書係に読書新聞を作らせ、子どもたちの読書意欲を高めるようにするのもよい。読書新聞の内容は、次のようにする。

- 今月のおすすめの本（先生から、子どもたちから）
- 読書クイズ（名作か学級文庫の本の中から出題する）
- 図書係からのお知らせ、お願い

読書のしおりに紹介したい本を書く

一人ひとりの子どもが自分のおすすめの本を決め、その本の紹介を手作りの「読書のしおり」に書き、読書コーナーに置いておく。

子どもたちは学級文庫の本を読むときに、このしおりも同時に借りて、読書するときに活用する。友達のおすすめの１冊を知ることによって、「今度は、○○さんのおすすめの本を読んでみよう」と読書欲が高まる。

学級文庫にたっぷり本をそろえ、並べ方をひと工夫する

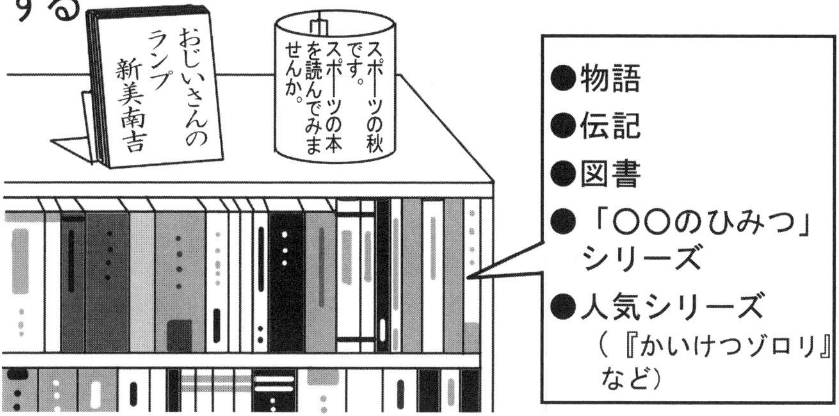
おじいさんのランプ
新美南吉
スポーツの秋です。スポーツの本を読んでみませんか。
●物語
●伝記
●図書
●「〇〇のひみつ」シリーズ
●人気シリーズ（『かいけつゾロリ』など）

図書係が読書新聞を作る

読書新聞
おすすめの本
読書クイズ
①
②
③
図書係から

読書のしおりに紹介したい本を書く

おすすめの本
・本のだい名（　　）
・作者（　　）
・ひとことメッセージ（　　）
名前（　　）
今度は〇〇さんのおすすめの本を読んでみよう

係活動コーナーをつくる

係活動にすぐ取り組む場と材料をそろえる

子どもたちが生き生きと活動する係活動にするには、係活動コーナーを工夫することが大切である。

まず大切なことは、係活動にすぐ取り組む場と材料がそろっていることである。便利箱や便利棚を用意したり、ペン類や紙類を自由に使えるようにしたりして、子どもたちが活動にすぐ取り組めるようにする。

また、ロッカーなどの一部を作業台として使えるようにすると、活動しやすくなる。

係活動の様子がわかるようにする

係活動の様子がわかるように活動計画を立て、ポスターにして掲示しておくことも大切である。ポスターには、活動内容・メンバー・めあて・今月の活動計画を書く。

今月の活動計画については箇条書きにし、計画通りできたものについてはチェックの印をつけていくようにする。このようにすることによって、何がやれていて、何がまだやれていないかがひと目でわかる。

係の情報発信の場にする

係活動コーナーは、各係の情報発信の場にすることも大切である。各係にホワイトボードもしくは画用紙を用意し、係からのお知らせ・呼びかけ・案内などが、すぐに書き込めるようにする。これは、ミニ伝言板であるので、どんどん書き換えられ、新しい情報が更新されるようにする。

係活動にすぐ取り組む場と材料をそろえる

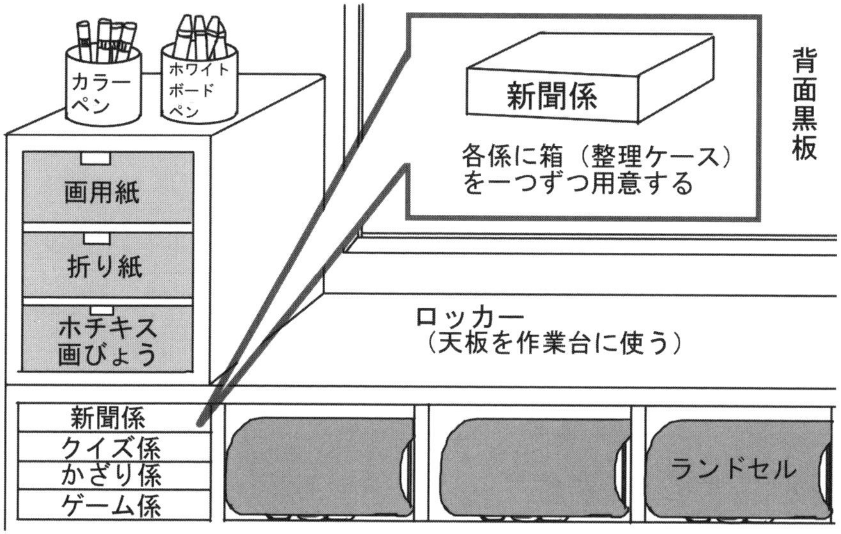
カラーペン
ホワイトボードペン
画用紙
折り紙
ホチキス画びょう
新聞係
各係に箱（整理ケース）をーつずつ用意する
背面黒板
ロッカー（天板を作業台に使う）
新聞係
クイズ係
かざり係
ゲーム係
ランドセル

係活動の様子がわかるようにする

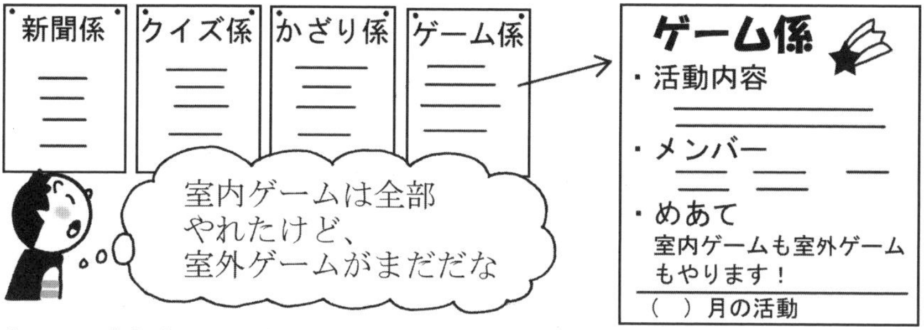
新聞係
クイズ係
かざり係
ゲーム係
室内ゲームは全部やれたけど、室外ゲームがまだだな
ゲーム係
・活動内容
・メンバー
・めあて
室内ゲームも室外ゲームもやります！
（　）月の活動

係の情報発信の場にする

あっ、わかった！ゴリラだ！
今日のクイズ
り り り
り り
ラ
どんな動物がかくれているかな？
ゲーム係からのお知らせ！
もう一度やってほしいゲームを書いてください
こおりおにをもう一度やりたいな
お知らせ、呼びかけ、案内などを載せる

4

集会活動づくり

1

係の発表会

準　備

❶各係はどのようなことをめあてに、どのようにがんばってきたか、どのような成果があったかをわかりやすくまとめておく。

❷発表のしかたは、各係に任せる。クイズ、紙芝居、劇など、各係の特色が出る発表にする。

展開例

①始めの言葉

②発表会の約束

③発表会

- ゲーム係……今までやったゲームの名前を紹介し、人気ランキングをクイズ形式で発表する。
- 新聞係……今まで作った新聞を掲示し、重要なニュースを読み上げる。
- 音楽係……今まで歌った歌やリコーダー演奏の録音を流す。
- コント係……今まで披露したコントの演目を紹介し、人気のあったコントを実演する。
- かざり係……今まで作ったかざりを掲示し、お気に入り作品を発表する。
- 誕生会係……今までやった誕生会の様子を紙芝居にして発表する。
- 図書係……本の人気ランキングとおすすめ本を紹介する。

④感想発表

⑤先生の話

⑥終わりの言葉

①始めの言葉
②発表会の約束

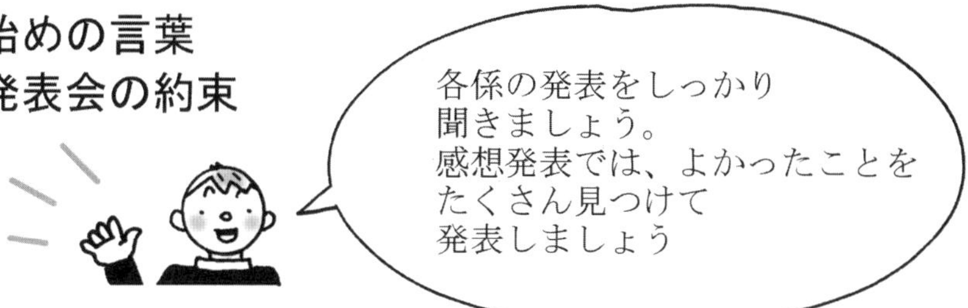

　　　　　各係の発表をしっかり
　　　　　聞きましょう。
　　　　　感想発表では、よかったことを
　　　　　たくさん見つけて
　　　　　発表しましょう

③発表会

●ゲーム係	●新聞係
ゲームの人気ランキングをクイズ形式で発表する　「第1位はいすを一つ少なくして並べます」	今まで作った新聞を掲示し、重要なニュースを読みあげる　「運動会ではダンスを上手におどれました」
●音楽係	●コント係
今まで歌った歌やリコーダー演奏の録音を流す　「今から『カントリーロード』のリコーダー演奏を流します」	今まで披露したコントの演目を紹介する　「今から人気のあったコントをやってみます」
●かざり係	●誕生日係
「わたしのお気に入りの作品はこれです」	今までやった誕生会の様子を紙芝居にして発表する　「5月は○○さん□□さんの誕生会を行いました」
●図書係	
本の人気ランキングとおすすめ本を紹介する　「みんなにおすすめする本は『いろいろへんないろのはじまり』という本です。色のはじまりを書いた本です」	

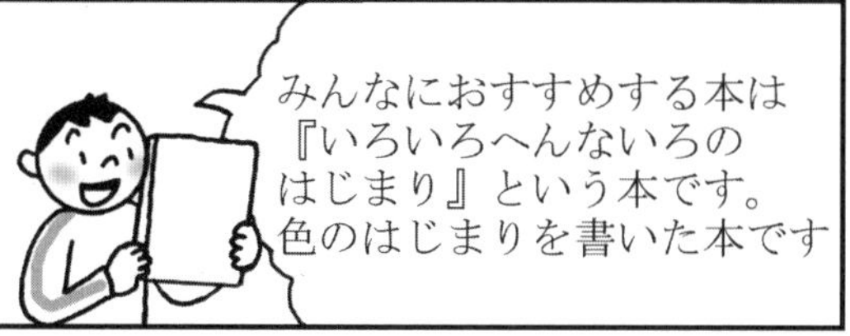

④感想発表　　⑤先生の話
⑥終わりの言葉

2 読書ゲーム大会

準　備

❶読書ゲームは、ゲーム的手法を使って本の世界を楽しむ読書指導法である。ゲームをするには、学級全員が同じ本を読まなければならないので、全員分、本を用意する。教科書にのっている物語なら、本を用意しなくてもいいので、すぐできる。

❷物語の段落の抜き書きをしたカードをグループの数だけ用意する。

展開例

①始めの言葉

②読書ゲーム「ダウトをさがせ」

- 教師が『一つの花』（今西祐行）を２回読む。１回目は原文どおりに正確に読み、２回目はわざと「二つだけちょうだい」「おにぎり一つだけちょうだい」などと言葉をまちがえて読む。
- まちがいに気づいた子どもは、その時点で「ダウト！」と大きな声で言い、正しい言葉を伝える。

③読書ゲーム「前かな？　後ろかな？」

- 『ごんぎつね』（新美南吉）の段落の抜き書きをカードにし、ばらばらにしてグループの子どもたちに持たせる。
- グループごとに一列に並び、先頭の人が自分のカードを読む。次の人は、自分の持っているカードが読んだ人の段落の前か後ろかを考える。これを繰り返して、物語の順番どおりに並び替える。

④感想発表

⑤終わりの言葉

①始めの言葉

②読書ゲーム「ダウトをさがせ」

一つだけちょうだい。
おじぎり一つだけ
ちょうだい。
一つだけちょうだい。
おにぎり一つだけ
ちょうだい。
ダウト!
ダウト!
おじぎりです

1回目　正しく読む

2回目　わざとまちがえて読む

③読書ゲーム「前かな？　後ろかな？」

Aくんの前に移動
兵十は、立ち
上がって、
なやにかけてある
火なわじゅうを
取って…
Aくん
その明くる日も
ごんは
くりを持って……
この段落は
Aくんの前だな
正解を
発表します
1番目は
「その明くる
日も…」です
2番目は
「その時、兵十
はふと顔を上げ
ました」です

④感想発表

⑤終わりの言葉

3 なわとび大会

準　備

❶短なわのいろいろな基本技（両足跳び、かけ足跳び、あや跳びなど）の回数を記入できる「なわとびカード」を用意する。
❷引っかからないで長く跳ぶ「マラソン」種目のための音楽を用意する。
❸長なわをチームの数だけ用意する。

展開例

①始めの言葉
②短なわ跳び
　2人一組をつくり、何回跳べたかを数え合うようにする。
- 基本技コース
  両足跳び、かけ足跳び、片足跳び、後ろ両足跳び、あや跳び、交差跳び、二重跳び、はやぶさ跳び
- マラソンコース
  両足跳び、かけ足跳びをそれぞれ「ミッキーマウスマーチ」の音楽に合わせて、3分間引っかからないで跳び続ける。

③長なわ跳び
　学級を2チームに分け、長なわ跳びに挑戦する。
- 8の字回旋跳び
  時間を区切った中で、引っかかっても何回跳べるかに挑戦する。

④成績発表
⑤表彰
⑥終わりの言葉

①始めの言葉
②短なわ跳び

基本技コース ２人一組をつくり、何回跳べたか数え合う

両足跳び
かけ足跳び
片足跳び
後ろ両足跳び
あや跳び
交差跳び
二重跳び
はやぶさ跳び

マラソンコース 学級全員が一斉に跳ぶ

両足跳び
かけ足跳び

３分間引っかからないで「ミッキーマウスマーチ」の音楽に合わせて跳ぶ

③長なわ跳び

その調子で いいよ!!
もっと 急いで!
８の字回旋跳び

④成績発表
⑤表彰　　⑥終わりの言葉

4

エコかるた大会

準　備

❶「地球のためにできること」「エコのためにできること」をテーマに学級全員でエコかるたを作る。「あ」から「ん」までの46文字を分担し、グループで受けもつ。

❷読み札の文とそれに合わせた絵札をグループごとに協力して作る。

展開例

①始めの言葉

②エコかるたの読み句の紹介

（例）「あ」……アルミかん　たくさん集めてリサイクル
　　「お」……お買い物　いつもいっしょのマイバック
　　「け」……消しわすれ　電気料金もったいない
　　「し」……新聞紙　新しい紙にへんしんだ

③エコかるた取り

教室の床の中央にエコかるたの絵札を並べる。グループごとに代表者が順番に出て、教師が読んだ句の絵札をとる。

このあそびを３回繰り返す。３回の総合計枚数で、順位を決める。

④全員斉唱『MOTTAINAI』（ヤマハミュージック株式会社）

「もったいない」という詩に曲をつけた歌を歌う。

⑤表彰

優勝グループにメダルを贈る。

⑥終わりの言葉

※エコかるたの読み札と絵札は、廊下に掲示し全校に呼びかける。

①始めの言葉

②エコかるたの読み句の紹介

アルミかん たくさん 集めて リサイクル
絵札
読み札
お買い物 いつも いっしょの マイバッグ

③エコかるた取り

代表が１人ずつ
順番に出て
かるたを取る

④全員斉唱『MOTTAINAI』

もったいない　もったいない
もったいない　それが合言葉
……

⑤表彰　　⑥終わりの言葉

※エコかるたの
読み札と絵札を
廊下に掲示する

5

思い出集会

準　備

❶7月、12月、3月は学期のまとめの月である。各学期を振り返り、どんなことをがんばったかを学習面、生活面、行事面について振り返る。

❷「がんばったこと」や「思い出の場面」を出し合い、それを出し物にして振り返る。

展開例

①始めの言葉

②全員合奏『いつも何度でも』

③小グループでの発表

- 遠足の出来事の劇
- 運動会でのダンス
- 落語『ぞろぞろ』
- 短なわ跳び「二重跳び」「はやぶさ跳び」「あや跳び」
- ことわざの暗唱など

④2学期の思い出名場面

ナレーションを入れて、思い出の写真を鑑賞する。

⑤ゲーム「思い出バスケット」

「フルーツバスケット」のやり方で、2学期の思い出名場面（運動会、落語、なわ跳び、遠足、ことわざ）の名前をメンバーに順番につける。「思い出バスケット！」と言ったら、メンバー全員が移動する。

⑥先生の話

⑦終わりの言葉

①始めの言葉
②全員合奏『いつも何度でも』
③小グループでの発表

●遠足の出来事の劇
●運動会でのダンス
●落語『ぞろぞろ』
国語
国語
●短なわ跳び
●ことわざの暗唱
二階から目薬

④２学期の思い出名場面

思い出の写真を
スライドショーで
鑑賞する

⑤ゲーム「思い出バスケット」

遠足

⑥先生の話　⑦終わりの言葉

6 ドッジボール大会

準　備

❶ドッジボールのルールを決める。
- 通常の多方面ドッジボールのやり方を基本とする。
- 外野は３方向で、あわせて３人以上とする。
- 内野、外野とも２回目か３回目のパスによってのみ、相手をねらって投げることができる。１回目からいきなり相手をねらって投げることはできない。
- 内野どうしでパスすることはできない。
- 外野から相手を当てたら、内野に戻ることができる。

❷優勝の賞状、チームワーク賞の賞状を用意する。

展開例

①始めの言葉
②シュプレヒコール
③グループ対抗ドッジボール
- リーグ戦の総当たりをおこなう。
- 相手が全滅するまでおこなう。

④成績発表
⑤表彰
優勝の賞状のほかに、パスをみんなに回すことができたチームにチームワーク賞を用意する。
⑥先生の話
⑦終わりの言葉

①始めの言葉
②シュプレヒコール

グループで
円陣を組み、
かけ声をかける

がんばるぞ、
オーッ!

③グループ対抗ドッジボール

内野から外野へ
外野から内野へ

④成績発表
⑤表彰

あなたのグループは
全勝しました。
すばらしいです
あなたのグループは
パスをみんなに回す
ことができました。
チームワーク賞を
贈ります

⑥先生の話　⑦終わりの言葉

7

二分の一成人式

準　備

❶「自分が今がんばっていること」「できるようになったこと」や「10才の決意」をカードに書いておく。また、担任は一人ひとりの子どものカードに励ましのメッセージを書き添えておく。
❷自分の好きな言葉を習字で書いておく。

展開例

①始めの言葉
②リコーダー演奏『少年時代』（井上陽水 作曲）
③先生の話
「二分の一成人式」について話をする。
④「自分が今がんばっていること」「できるようになったこと」の発表
一人ひとりの子どもが、「自分が今がんばっていること」や「できるようになったこと」を発表する。その際、今後の決意もいっしょに発表する。
⑤自分の好きな言葉の発表
習字の時間に書いた自分の好きな言葉を、一人ずつ順番に発表する。教師は、一人ずつ写真を撮る。
⑥全員で集合写真の撮影
好きな言葉の習字作品を手に持って、学級全員で集合写真を撮る。
この写真と個人写真は、台紙にはって、後日子どもたちにプレゼントする。
⑦終わりの言葉

①始めの言葉
②リコーダー演奏『少年時代』
③先生の話

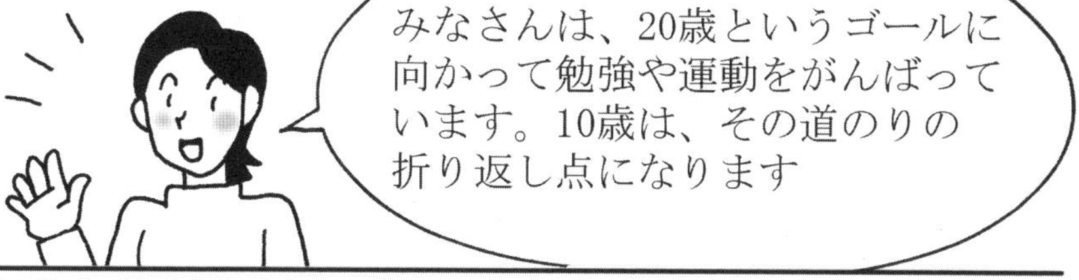
みなさんは、20歳というゴールに向かって勉強や運動をがんばっています。10歳は、その道のりの折り返し点になります

④「自分が今がんばっていること」「できるようになったこと」の発表

わたしは短なわでかけ足とびや交差とびができるようになりました。今は二重とびがたくさんできるように練習しています
なわとびだけではなくて、ほかの勉強もあきらめずにがんばりたいです

⑤自分の好きな言葉の発表

友だちをたくさんつくりたいです
友情
だれにでもやさしい人になりたいです
やさしく
教師が一人ずつ
写真を撮る

⑥全員で集合写真の撮影
⑦終わりの言葉

8

お年寄りとの交流会

準　備

❶お年寄りに喜んでもらえるような出し物と感謝状を用意する。
❷昔の小学校や校区の様子について話してもらえるように依頼しておく。
❸昔のあそびを教えてもらえるように依頼しておく。

展開例

①お年寄りの入場
②始めの言葉
③グループごとの出し物発表
- 昔のあそび（こま、けん玉、お手玉）
- 踊り『キッズ・ソーラン』
- 歌『夕やけこやけ』『もみじ』
- 古い道具の紹介
  洗たく板、ランプ、火鉢、湯たんぽなどの使い道を説明する。

④お年寄りへの質問
昔の小学校の様子や校区の様子、昔のあそび、昔のおやつ、昔の勉強などについて質問し、教えてもらう。
⑤お年寄りによる昔あそびの紹介
めんこ、あやとりのやり方を教えてもらう。
⑥お年寄りとジャンケンゲーム
ジャンケンに負けたら、相手の肩をたたく。
⑦お年寄りへの感謝状渡し
⑧終わりの言葉

①お年寄りの入場

②始めの言葉

③グループごとの出し物発表

●昔のあそび
けん玉
こま
お手玉
●踊り
●歌
「夕やけこやけ」「もみじ」
●古い道具の紹介
これは
湯たんぽと
いいます

④お年寄りへの質問

昔は小学校の
子どもは何人くらい
いたのですか？
昔はどんな
おやつ
でしたか？

⑤お年寄りによる昔あそびの紹介

めんこ
あやとり

⑥お年寄りとジャンケンゲーム →

肩をたたき合う

⑦お年寄りへの感謝状渡し

⑧終わりの言葉

9 学習発表会

準　備

❶一人ひとりの子どもが、できるようになったことや上手になったことを発表できるように準備する。

❷できるようになったことや上手になったことが同じだったときには、グループ化し、友達と一緒に練習する。

❸４年生最後の授業参観に行うようにし、招待状を作って保護者に渡す。

展開例

①始めの言葉

②できるようになったことの発表、ひと言感想

- 短なわ跳び「あや跳び」「交差跳び」「二重跳び」「はやぶさ跳び」
- 長なわ跳び「８の字回旋跳び」「全員ジャンプ」
- マット運動「頭倒立」「側転」「片足上げブリッジ」
- リコーダー演奏『いつも何度でも』『小さな世界』
- 落語『寿限無』
- 一輪車乗り
- ローマ字の読み書きなど

　個人やグループの発表が終わるごとに、ひと言感想を発表させ、発表した子どものがんばりに目を向けさせるようにする。

　教師は発表の様子をデジタルカメラで撮り、発表会後、台紙に写真をはり、教師のメッセージを添えて子どもたちにプレゼントする。

③全員斉唱『音楽のおくりもの』

④終わりの言葉

①始めの言葉
②できるようになったことの発表、ひと言感想

発表会後（後日）

メッセージカード
（写真とメッセージ）
を手渡す

③全員斉唱『音楽のおくりもの』
④終わりの言葉

5

授業づくり

1

学習ルールの定着のさせ方

子どもたちが納得できる学習ルールをつくる

子どもたちが学習に集中し、落ち着いて学ぶことができるようにするためには、まず一年間の最初に、学習ルールを教え定着させることが大切である。

学習ルールをつくるときには、子どもたちの実態をふまえ、どんな学習ルールが効果を上げ、主体性のある学習になるかを考えることが大切である。そして、その学習ルールは子どもたちの合意が得られる納得できるものでなくてはならない。

定着させたい学習ルール

子どもたちに定着させたい学習ルールには、次のようなものがある。

- 話し方、聞き方のルール
- 板書の見方、ノートの書き方のルール
- 話し合いのしかたのルール
- 体育学習での整列のしかた、座り方、器具の運び方のルール
- 特別教室への移動や各教室に応じた使い方のルール
- 作業が終わったあとの待ち方のルールなど

学習ルールを守り、根気よく指導する

これらのルールを定着させるのには、時間がかかるが、定着するまで根気よく繰り返し指導することが大切である。また、子どもたちと合意したルールは、気軽に変更するのはよくない。子どもたちが混乱してしまうからである。子どもたちとのルールは、必ず守ることも大切である。

子どもたちが納得できる学習ルールをつくる

どんな
学習ルールが
学習効果を上げ、
主体性のある
学習になるかな
「話すときはみんなに
聞こえる声ではっきり
話す」というルールを
つくりたいと思いますが
いいですか
賛成です

定着させたい学習ルール

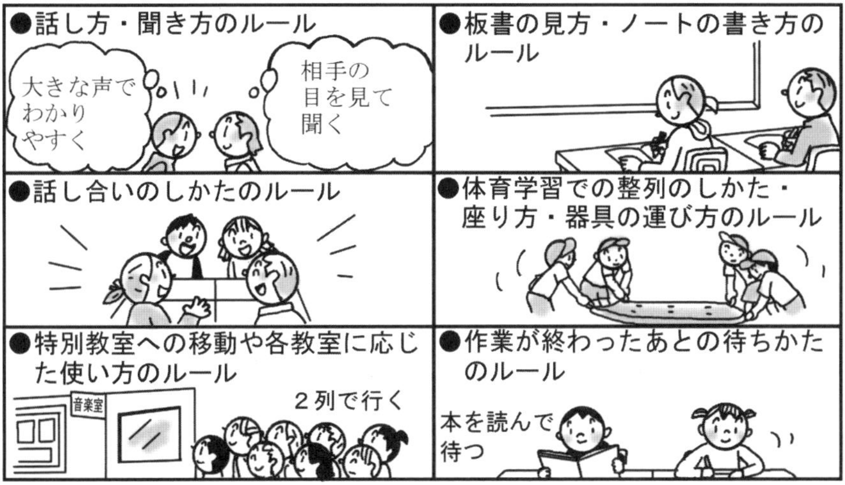
●話し方・聞き方のルール
大きな声で
わかり
やすく
相手の
目を見て
聞く
●板書の見方・ノートの書き方のルール
●話し合いのしかたのルール
●体育学習での整列のしかた・座り方・器具の運び方のルール
●特別教室への移動や各教室に応じた使い方のルール
音楽室
２列で行く
●作業が終わったあとの待ちかたのルール
本を読んで
待つ

学習ルールを守り、根気よく指導する

もう一度言います。
「聞くときは
相手の目を見て
しっかり聞く」
というルール
だったね
今日は音楽室へ行くときに
ひとりで先に行って
いいですか
だめです。
「２列にならんで
行く」という
ルールです

繰り返し指導する	ルールは必ず守る

2 音読指導

音読を積み重ねると力がつく

音読を繰り返して行うと、次のような効果がある。

- 声に出して読むことによって、活字に慣れ、本を読むことが苦手でなくなる。
- 毎日繰り返し行うことによって、読解力や語彙力が高まる。
- 「会話文」の音読練習によって、表現力が高まる。

音読指導を工夫する

子どもたちに音読させるときに、次のようにいろいろ工夫すると、楽しく音読することができる。

- 「。」（まる）読み
  順番に、一つの文「。」ごとに読んでいく。たくさんの子どもたちに読ませることができるよさがある。また、音読が苦手な子も取り組みやすい。
- 段落読み
  段落ごとに音読をする。小さなまとまりごとに読んでいくので、書かれている内容を理解しやすい。また、音読力を向上させやすい。
- 暗唱
  全文、段落や場面を決めて暗唱する。暗唱できると、音読することに自信をもつことができる。
- 群読
  全員で声をそろえて読んでいく。読む箇所によって、数人読みやグループ読みをする。みんなで声を一つにして読むので、心が一つになる。

音読を積み重ねると力がつく

読むのが
楽しく
なってきた

読むことが苦手でなくなる

そうか、
わかった！

読解力・語彙力が高まる

気持ちをこめて
読んでみよう

表現力が高まる

音読指導を工夫する

●「　。」読み

一つの文「　。」ごとに読んでいく

●段落読み

段落ごとに読んでいく

●暗唱

全文や段落や場面を決めて暗唱する

●群読

全員で声をそろえて読んでいく。読む箇所によって、数人読みやグループ読みをする

3

発言力の育て方

安心して発言できる雰囲気をつくる

どんどん進んで発言させるためには、何でも発言できるという安心感を子どもたちにもたせることが大切である。授業びらきのときから「教室はまちがってもよいところ」「教室は何でも発言できるところ」ということを繰り返し言い続け、誰でも安心して発言できるような雰囲気をつくるようにする。そして、次のような約束を決める。

- まちがっても「ちがうよ」などと言わない。
- どんな発言でも笑わない。
- 小さな声やたどたどしい発言でも、最後まで静かに聞く。

発言の機会を多くする

発言に自信をもたせるためには、とにかく発言の機会を多くすることである。一部の活発に発言する子どもだけで授業が進んでいかないように、「○○さんは、どう思いますか？」などと声かけをして、どの子にも発言の機会を与えるようにする。みんなの前で発言することで自信がつき、自分の考えもまとめられるようになってくる。

発言に自信をもたせる工夫をする

発言に自信をもたせるには、事前に発言内容をノートに書かせ、机間指導で「これを発言してね」と声かけをして励ます方法もある。そして、発言できたら「よく発表できました」とほめるようにする。

内気で全員の前で発言することに抵抗がある子には、隣の席の子どもや生活班で話し合わせ、発言することに慣れさせるようにする。

安心して発言できる雰囲気をつくる

教室はまちがってもよいところです
教室は何でも発言できるところです

約束

- まちがっても、「ちがうよ」などと言わない
- どんな発言でも笑わない
- 小さな声やたどたどしい発言でも、最後まで静かに聞く

発言の機会を多くする

○○さんはどう思いますか？
わたしは…と思います
ぼくは…と思います
………
ぼくも…と思います

発言に自信をもたせる工夫をする

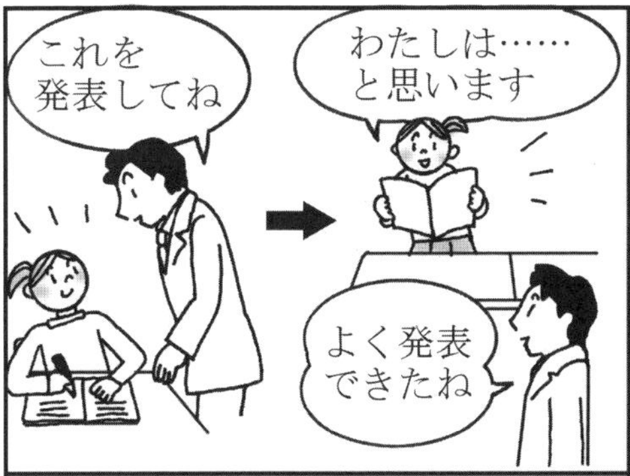

これを発表してね
わたしは……と思います
よく発表できたね

事前に発言内容をノートに書かせる

隣同士で
生活班で

隣の席の子や生活班で話し合わせる

4

学び合う話し方の指導

友達の考えから学び、共に高め合う

授業の中で、子どもたちが活発に発言していても、その発言が友達の意見とかかわることなく単なる個人の意見発表では、子どもどうしの学び合いがうまくいっているとは言えない。

授業では、友達の考えから学び、共に高め合うことが大切である。そのためには、友達の考えを受けとめ、かかわらせながら、自分の考えを発表する話し方の指導を行う必要がある。

話し方のモデルを示す

具体的には、次のような話し方の指導をするとよい。

- 賛成　「○○さんの考えに賛成です」
- つけ加え　「○○さんの考えにつけ加えです」
- 質問　「□□については、どう考えたのですか」
- 確認　「○○さんの考えは、□□ということですか」
- 反対　「○○さんとは、ちがって」
- 再考　「□□という考えがかわりました」

話を渡す話し方を教える

また、子どもの発言にかかわりをもたせるために、発言した子どもに「みなさん、わたしの考えについてどう思いますか」「私の考えと同じ人はいませんか」と言わせるようにするのもよい。このような話し方は、他の子どもたちへ話を渡すことになるので、一層かかわりを深めることができる。

友達の考えから学び、共に高め合う

×
○○○
だと
思います
△△△
だと
思います
□□□
だと
思います
○
○○さんの
考えに
つけ加えです
○○さんとは
ちがって…
……です

話し方のモデルを示す

●賛成
○○さんの
考えに
賛成です
●つけ加え
○○さんの
考えに
つけ加えです
●質問
□□については、どう考えたのですか
●確認
○○さんの考えは、□□ということですか
●反対
○○さんとは、
ちがって…
●再考
□□という
考えが
かわりました

話を渡す話し方を教える

みなさん、わたしの
考えについて
どう思いますか
賛成です
わたしの考えと
同じ人はいませんか
挙手する

5

グループ学習のしかた

グループ学習のよさとは

学級での学習形態には、一斉学習と個別学習とグループ学習がある。とくにグループ学習には、次のようなよさがあるので、意識的に取り入れてみるとよい。

- 少人数なので自分の意見を述べやすい。
- 友達の多様な考え方を知ることができる。
- 一人ひとりの出番が多くなり、よさを生かすことができる。
- 教え合いをすることができる。

2人学習を経験させてから4人学習に移る

グループ学習には、4人程度が適当であるが、4人グループでも自分の意見を述べることができない子がいる。いつも聞き役にまわってしまうのである。そのような場合には、隣の子どもと2人で話し合うことからはじめるようにするとよい。十分に2人学習を経験してから4人学習に移行すると、話し合いの中身が豊かなものになる。

グループ学習にするかどうかよく吟味する

グループ学習は、子どもたちの多様な考え方を交流させることによって学習内容を理解させるものである。したがって、何でもグループ学習にすればよいというものではない。グループ学習にしたほうが効果的なのかどうかを、よく吟味することが大切である。たとえば、物語『ごんぎつね』で、なぜごんぎつねはくりを届けたのかを話し合うのは、深い読み取りにつながるので、たいへん効果的である。

グループ学習のよさとは

少人数なので自分の
意見を述べやすい

そういう
考えも
あるのか

友達の多様な考え方を
知ることができる

たくさん
話せて
いいな

一人ひとりの出番が多くなり
よさを生かすことができる

教え合いをすることが
できる

2人学習を経験させてから4人学習に移る

わたしは
……と思う
ぼくは
……と思う
2人学習
4人学習

グループ学習にするかどうかよく吟味する

新出の漢字の
書き取り練習は
グループ学習に
しないほうが
いいな
この課題はグループ
学習にしたほうが
いいな
なぜごんぎつねは
くりを届けたかを
話し合うと、深い
読み取りができるな

6 ローマ字学習のしかた

子どもたちはローマ字に興味をもっている

4年生で、初めてローマ字の学習をする。子どもたちの身の回りには、駅の名前、場所の名前などローマ字表記されているものが数多くある。また、コンピュータに触れる機会も増え、ローマ字入力に興味をもっている子どもも多い。

したがって、子どもたちのローマ字に対する興味をうまく生かして、子どもたちが積極的にローマ字学習に取り組めるようにする。

ローマ字で書いた名刺を友達と交換する

まず、自分の名前をローマ字で書くようにさせる。ローマ字で自分の名前をきちんと書けるようになると、何だかかっこいいと思い、子どもたちは進んでローマ字の学習に取り組むようになる。

教科書やノートの名前欄にローマ字で自分の名前を書かせると、子どもたちは大喜びで取り組む。さらに、名刺カードを用意し、そこに自分の名前、好きな勉強、好きな食べもの、好きなあそびをローマ字で書かせる。同じ名刺カードを10枚くらい作り、友達と交換し、読み合うようにすると楽しく学習できる。

学校内の場所や教室にあるものをローマ字で書く

学校内の場所や学校内や教室にあるものを名前カードにローマ字で書かせる。そのカードをその場所やものにはって、いつでも目に触れることができるようにしておく。そして、名前カードに書かれたローマ字を正確に書けるか定期的にチェックをする。

子どもたちはローマ字に興味をもっている

ローマ字で書いた名刺を友達と交換する

4nen　2kumi

Namae　AOKI−SAKI

Sukina　Benkyô　Taiiku

Sukina　Tabemono　Susi

Sukina　Asobi　Nawatobi

学校内の場所や教室にあるものをローマ字で書く

7

ポートフォリオのつくり方

ポートフォリオとは何か

「総合的な学習の時間」に学習テーマについてせっかく集めた資料やメモが、どこにあるのかわからなくなってしまったり、紛失してしまったりすることがよくある。

そんなことにならないように、学習テーマについて集めた資料や調べたこと、考えたことなどをファイルするとよい。このファイルしたものを「ポートフォリオ」という。

ポートフォリオにファイルするもの

ポートフォリオには、次の2種類のものをファイルするとよい。一つは、調べたり、集めたりした資料である。もう一つは、取材や資料を見て考えたこと、感想などのメモ類である。

資料には、パンフレット、リーフレット、新聞の切り抜き、取材や見学のメモ、インターネットで調べたメモ、写真などがある。

メモには、わかったこと、疑問に思ったこと、感想などを書くようにする。

友達どうしポートフォリオを見せ合う

ポートフォリオは、友達どうしで見せ合い、刺激し合うとどんどん中身が充実してくる。したがって、本棚などにまとめて置いておき、いつでも見られるようにするとよい。

その際、友達のポートフォリオの中の資料を抜き出したり、乱雑に扱ったりしないように約束させることが大切である。

ポートフォリオとは何か

集めた資料
調べたこと
考えたこと
ファイルしていく

ポートフォリオにファイルするもの

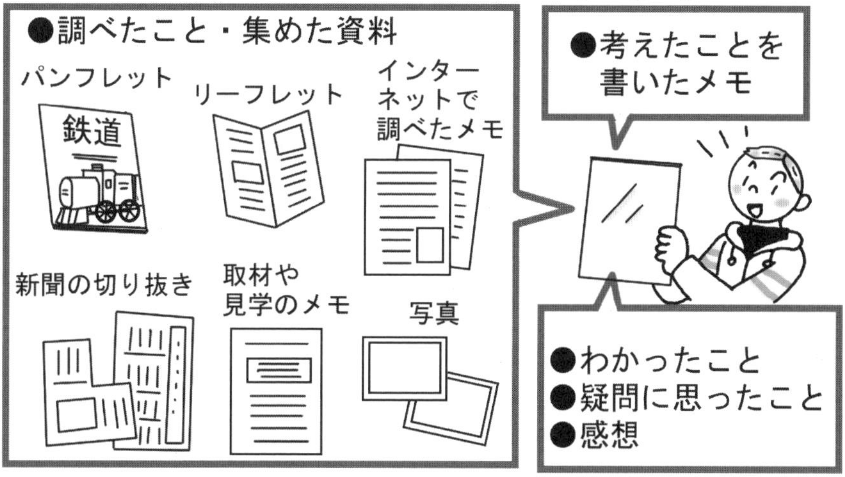

●調べたこと・集めた資料
パンフレット
鉄道
リーフレット
インターネットで調べたメモ
新聞の切り抜き
取材や見学のメモ
写真
●考えたことを書いたメモ
●わかったこと
●疑問に思ったこと
●感想

友達どうしポートフォリオを見せ合う

こんなに資料を集めたよ
よし、もっと資料を集めよう
●資料を抜き出さない
●大切にする
まとめて置いておく

6

保護者との絆づくり

1

連絡帳で信頼関係をつくる

欠席の連絡には、ひと言を添える

連絡帳は保護者との信頼関係をよりよくするうえで、とても大切なものである。子どもが病気で欠席する場合には、連絡帳で知らせてくることが一般的である。このとき、「わかりました。お大事にしてください」とだけ返事を書くよりも、「○○さんがお休みしていると、さみしいです。○○さんが早くよくなって、元気に登校できるのを学級のみんなが待っています。どうぞ、お大事にしてください」と少していねいに書く。

このように書くことによって、病気で休んでいる子どもに励ましを与えることができ、保護者からの信頼も深めることができる。

連絡帳は朝一番に対応する

連絡帳には欠席届のほかに、保護者からの依頼や質問などいろいろなことが書かれている。したがって、朝一番に連絡帳に目を通し、対応することが大切である。

連絡帳を見たら、すぐ一つひとつていねいに対応し、処理する。保護者に電話したほうがよい場合は、すぐ対応する。早退する時刻の連絡や薬を飲ませる依頼などの場合は、メモをしっかりとり、処理したものからチェックの印をつけていき、漏れ落ちているものがないようにする。

ひと言日記で子どもの様子を伝える

連絡帳には、今日一日の学校生活の中でがんばったこと、できたことを「ひと言日記」にして毎日書かせ、学校での子どもの様子を伝えるようにすると、保護者に安心感を与えることができる。

欠席の連絡には、ひと言を添える

×
わかりました。お大事にしてください。
○
○○さんがお休みしていると、さみしいです。○○さんが早くよくなって元気に登校できるのを学級のみんなが待っています。

連絡帳は朝一番に対応する

連絡帳がある人は、連絡帳を見せてください

- → 保護者へ電話する
- → 早退時間をメモする
- → 薬を飲ませる依頼をメモする
- → ………
- → ………

処理したものにチェックの印をつける

ひと言日記で子どもの様子を伝える

今日は、ローマ字で自分の名前を書けたのでうれしかったです。
ローマ字で自分の名前が書けたのね。すごいわ

2

面談で信頼関係をつくる

行事的な面談と緊急性・必要性のある面談がある

保護者との面談には、保護者全員に対して行う家庭訪問や個人面談と緊急に特定の個人に対して行う面談とがある。前者の面談は、年間計画に位置づけられた行事的な面談である。これに対して後者は、問題行動やけがなどで担任が家庭まで行ったり、保護者に学校に来てもらったりする面談、保護者の相談に応じる面談である。この面談は、必要性が高く、明確な目的をもって行われる。

家庭訪問して面談を行う

学校で子どもがけがをした場合や担任として指導に問題があった場合などは、すぐに家庭まで出かけて行って状況や事情を説明し、保護者にお詫びする。電話での説明やお詫びでは、保護者に誠意が伝わりにくい。

欠席が長く続くような場合も、家庭まで出かけて行って、欠席についての事情を聞いたり、登校できるように働きかけたりする。

学校に来てもらって面談する

保護者の相談に応じる場合は、学校に来てもらって面談し、問題の原因や保護者の悩みを共感的に理解することが大切である。保護者の話をじっくり聞かずに、教師の考えを一方的に話したり、教師の考えに導こうとしたりすると、保護者には不満が残る。また、子どもが友達にけがをさせるなど問題行動が発生したときも、保護者に学校へ来てもらって面談する。どちらの場合も、事実に基づいて保護者と話し合い、保護者と共に解決の方法を考えることが大切である。

行事的な面談と緊急性・必要性のある面談がある

面談

- 行事的な面談
  - 保護者全員に対して行う家庭訪問・個人面談
- 緊急性・必要性のある面談
  - 問題行動・けが・保護者の相談などに対して行う家庭訪問・個人面談

家庭訪問して面談を行う

子どもがけがをした場合

きつくしかりすぎたな…

指導に問題があった場合

出席簿
欠席が長いな…

欠席が長く続く場合

学校に来てもらって面談する

●保護者の相談

毎日、お金をむだづかいして困っています。どうしたらいいですか
たいへんですね。お困りでしょう。何を買うのですか……

●問題行動の相談

けんかの原因は何ですか
口げんかがエスカレートして手が出てしまい、友達にけがをさせてしまいました

事実に基づいて保護者と話し合い、
保護者と共に解決の方法を考える

3

保護者の話を最後まで聞く

聞き役に徹して、保護者の話をよく聞く

保護者と確かな信頼関係をつくるためには、保護者の話を最後まで聞くことが大切である。

保護者が連絡帳や電話で抗議をしたり、学校へ出向いて訴えたりする場合には、まず保護者の言い分を最後まで聞くようにする。保護者は興奮状態にあるので、いくらこちらの言い分を説明しても、理解してもらえることが少ない。そこで、教師は聞き役に徹して、保護者がどんな事柄に対して何を問題にしているのかをしっかりつかむようにする。

保護者と一緒に解決策を考える

保護者の苦情内容について、教師はまず共感的に理解し、保護者と一緒に解決に向けて考える姿勢をつらぬくことが大切である。

保護者の感情が落ち着いてきたところで、まず事実関係を確かめるようにする。友達とのトラブルの場合は、複数の子どもから聞いた事実を保護者に伝える。

担任だけで解決しようとしない

保護者からの苦情を担任だけで解決しようとしないで、学年主任、生活指導主任、管理職の教師に相談しながら、対応することが大切である。

トラブルの内容によっては、学年主任や管理職の教師などに同席してもらい、じっくりと保護者の言い分を聞く。そして、保護者の誤解があるところについては、担任が話すよりも学年主任や管理職の教師に話してもらうほうがよい。

聞き役に徹して、保護者の話をよく聞く

連絡帳
電話
学校へ出向く
苦情
友達とのトラブルの解決方法についての苦情だな
話をよく聞く

保護者と一緒に解決策を考える

話を聞く
落ち着く
複数の子どもの話によりますと…
今後、トラブルが起きないようにする方法を考えましょう
最後まで話を聞く
事実関係を伝える
解決に向けて考える

担任だけで解決しようとしない

×
なんとか自分で解決しないと…
連絡帳
○
学年主任に相談にのってもらおう
連絡帳
保護者
担任
学年主任

4

充実した家庭訪問にする

保護者との信頼関係をつくる

家庭訪問は、保護者と直接向き合うことができるよい機会である。短時間ではあるが、充実した家庭訪問にすれば、保護者からの大きな信頼を得ることができる。

また、子どもの家庭での様子、子どもの家の所在地やまわりの様子を知ることができ、子どもの指導に役立てることもできる。したがって、しっかりと準備をして家庭訪問をすることが大切である。

予定した時間をきちんと守る

家庭訪問では、訪問時刻を守ることが大切である。もし遅れそうなときは、早めに連絡を入れて、保護者を待たせることがないようにする。

また、どの家庭も訪問時間を同じにし、大きな差が出ないようにし、公平であることに心がける。訪問時間が長くなるような場合は、いったん話を打ち切り、再度訪問しなおすようにする。

子どものよさを話題の中心にする

家庭訪問では、学校での様子やがんばって活躍している場面をできるだけ具体的に知らせるようにする。子どものよさを知らせることにより、保護者に安心してもらうようにするのである。

問題行動を知らせる場合には､いきなり問題行動を知らせるのではなく、まず子どものよさを知らせるようにする。

家庭訪問では、家庭での子どものよさやお手伝いなどがんばっている様子を聞き、子どものよいところをつかむようにすることも大切である。

保護者との信頼関係をつくる

〇〇くんの いいところは ………な ところです
こんどの先生は よく見てるわ。 よい先生だわ

●家での様子
手伝いをよくしているんだな
●家の所在地・まわりの様子
近くに公園があるんだな

予定した時間をきちんと守る

こんにちは
きちんと時刻 どおりに いらしたわ
訪問時間を同じにする

●遅れる場合
早めに連絡 する
少し遅れます。 申し訳ありません
●訪問時間が長くなる場合
再度訪問 しなおす
後日また 訪問させて いただきます

子どものよさを話題の中心にする

授業では よく手をあげて 発表できますよ
がんばって いるのね
そうじを しっかりと してくれますよ
家では どんな様子 ですか
おつかいや 弟の世話を よくやって くれます

学校での様子・
活躍の場面を知らせる

家庭での様子・
活躍の場面を聞く

5 懇談会を工夫する

ふだんの様子をビデオで撮影し、放映する

保護者は、ふだんの子どもの様子を知りたがっている。授業参観でも、子どもの様子の一端はうかがえるが、ふだんの様子がわかりにくい。

そこで、体育の授業の様子や学校行事、学級での集会活動の様子、給食の様子などをビデオで撮影し、懇談会でダイジェストにして放映すると喜ばれる。その際、どの子どももできるだけ同じくらい映っているように配慮することが大切である。

子どもたちにアンケートをして、資料にまとめる

保護者は、自分の子どもと同じ年齢の子どもたちが、どのような生活を送っているかということに関心がある。懇談会で保護者の関心が高いテーマについて話題にすることもできるが、子どもたちの全体の傾向はつかみにくい。そこで、事前に子どもたちに匿名でアンケートをして、それを資料にまとめて配布すると、全体の傾向がつかめる。

アンケート結果をもとにして、話し合う

懇談会では、教師が一方的に子どもたちの様子を伝えるだけではなく、保護者の関心が高いテーマについて話し合うとよい。子どもたちに事前に匿名でアンケートをした資料をもとに、「睡眠時間について」「家庭での学習時間について」など、テーマを決める。

話し合うときには、３～４人のグループをつくって気軽に話せるようにする。そして、最後に座席をロの字型に戻して、グループで話し合われたことを出し合い、全体で話し合いを進めるとよい。

ふだんの様子をビデオで撮影し、放映する

●体育の授業
●集会活動
●学校行事
●給食
ふだんの様子がよくわかるわ

子どもたちにアンケートをして、資料にまとめる

アンケート

①テレビは１日に何時間くらい見ていますか
（　　　　　　　　　　　　）

②すいみん時間は何時間ですか
（　　　　　　　　　　　　）

③家での学習時間は何分ですか
（　　　　　　　　　　　　）

④こづかいは１か月いくらですか
（　　　　　　　　　　　　）

まとめる
すいみん時間が少ない子が多いな
テレビを長い時間見ている子が多いな

アンケート結果をもとにして、話し合う

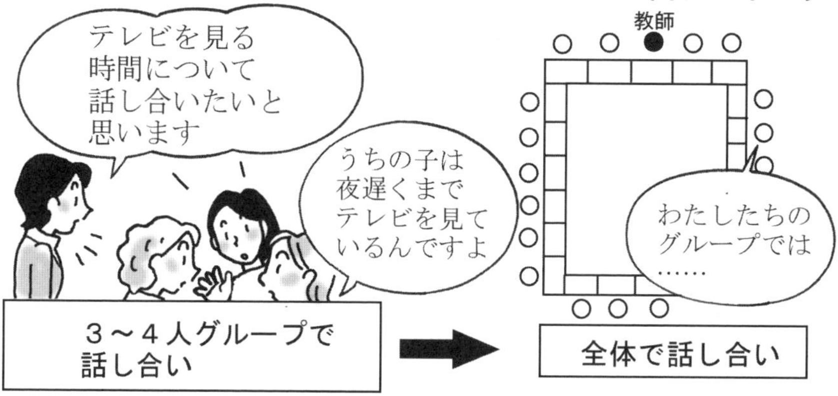
テレビを見る時間について話し合いたいと思います
うちの子は夜遅くまでテレビを見ているんですよ
３〜４人グループで話し合い
教師
わたしたちのグループでは……
全体で話し合い

6

授業参観を工夫する

教室環境を整える

授業参観は、保護者に子どもたちの様子を伝えるよい機会である。子どもたちが生き生きと学習している様子を見れば、保護者は「来てよかった」「もう一度、来たい」と思う。

子どもたちの生き生きとした活動が見える授業参観にするには、まず教室環境を整えることが大切である。参観に来た保護者がまず目にするのは、廊下や教室の環境である。

掲示する作品は、すべて同じ作品というより、子どもの持ち味が生かされている作品にする。係の活動やめあてカードなどの掲示物は、一人ひとりの存在感が感じられるようにする。

みんなが活躍できる授業にする

保護者は、元気に活動する我が子を見に来ている。したがって、どの子も活躍できる場面を工夫する。

全員の子どもの手が挙がる発問を多くしたり、音読や感想発表など子どもたち全員を指名したり、合唱や合奏など子どもたち全員で活動するように工夫したりするとよい。

保護者も参加する授業にする

保護者にも一緒に授業に参加してもらえば、子どもたちは生き生きと楽しく活動することができる。たとえば、国語では、本の紹介や読み聞かせをしてもらう。「総合的な学習の時間」の調べ学習では、ポスターセッション形式で発表を聞いてもらうとよい。

教室環境を整える

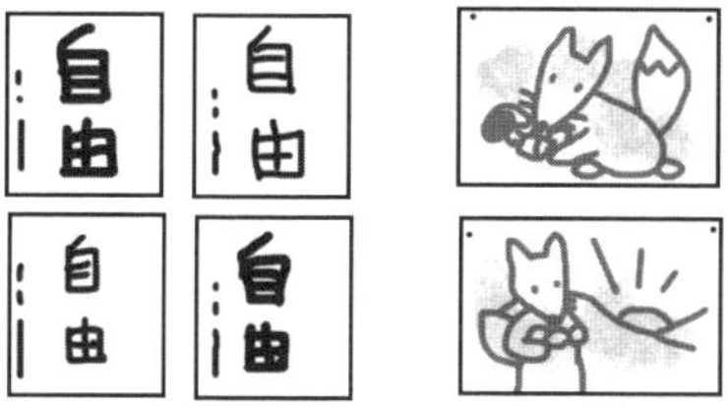

習字　絵

子どもたちの持ち味が
生かされている作品

係活動分担表　今月のめあて

係活動やめあてカードの
掲示物

みんなが活躍できる授業にする

子どもの手が挙がる
発問をする

音読
感想発表

全員を指名する

全員で活動する

保護者も参加する授業にする

●本の紹介・読み聞かせ

保護者
4年生の
みなさんに
おすすめの
本は…
おもしろ
そうな
本だな
読んで
みたいな

●ポスターセッション

エレベーターに
ついて発表します
放置自転車
放置自転車
について
発表します

7

子どもが
夢中になるあそび

落ちた落ちた

あそび方

①落ちてくるものによって三つのポーズをする。
「かみなり」のときは、両手でおへそを隠す。
「げんこつ」のときは、両手で頭を守る。
「りんご」のときは、両手を前に出して、りんごを受けるポーズをとる。

②リーダーは「かみなり」と言って、頭を守るポーズをとるなどして、メンバーのまちがいを誘うようにする。

③はじめはゆっくりおこない、だんだん速くすると、緊張感が増して楽しくなる。
リーダー「落ーちた、落ちた」
メンバー「落ーちた、落ちた」
リーダー「落ーちた、落ちた」
メンバー「なーにが、落ちた」
リーダー「げんこつ」と言って、おへそを両手で隠す。リーダーにつられて、おへそを両手で隠した人はすわる。
以下同様に繰り返していく。

④「りんご」のかわりに「屋根」にして、両手を上にあげ、持ちあげるポーズにすると、動作が大きくなっておもしろくなる。

①
落ーちた　落ちた
落ーちた
落ちた
②
落ーちた　落ちた
なーにが
落ちた
③
かみなり
つられたっ
かみなり
おへそを両手で隠す
げんこつ
両手で頭を守る
りんご
両手を前に出して
りんごを受ける

応用

「りんご」のかわりに
「屋根」にする

両手を上にあげ
屋根を持ちあげる

チクサクコール

あそび方

①班やグループや学級全員で円陣を組んでかけ声をかける。何度もやっているうちに、みんなの息が合って、かけ声が一つになり、元気が出てくる。

②リーダーは、はじめは声の大きい子どもがつとめ、うまくできるようになったら、輪番でリーダーを交替していく。

リーダー「アーユーレディ？」　メンバー「イエス！」
リーダー「チクサクコール！」　メンバー「オー！」
リーダー「チクサクチクサク！」　メンバー「ホイホイホイ！」
リーダー「チクサクチクサク！」　メンバー「ホイホイホイ！」
リーダー「イビー！」　メンバー「チャオ！」
リーダー「イビー！」　メンバー「チャオ！」
リーダー「イビー！」　メンバー「チャオ、チャオ、チャオ」
リーダーとメンバー「オー！」とこぶしを上に突きあげる。

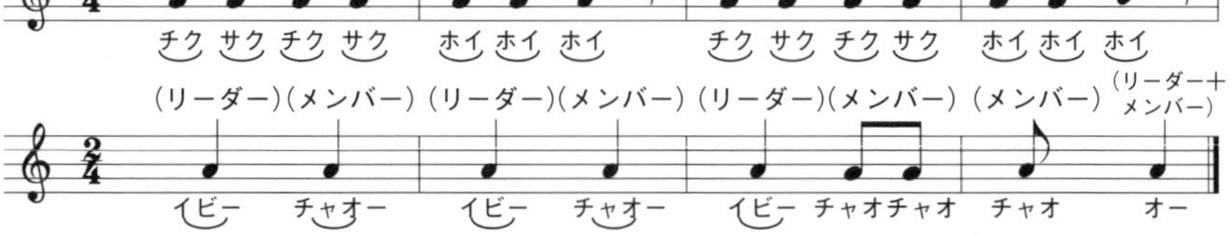

③「チクサクコール」を「なかよしコール」などと言葉を変え、リーダー「なかよしなかよし！」、メンバー「ハイハイハイ！」と班ごとに言葉をつくって楽しむのもよい。

アーユーレディ
イエス！
②
チクサクコール
オーーッ！
③
チクサク
チクサク
ホイホイホイ
オーーーッ

応用

なかよしコール
オーーッ

（例）

リーダー「なかよし　なかよし！」
メンバー「ハイハイハイ！」
（繰り返す）
リーダー「つくるぞ！」
メンバー「よし！」
（繰り返す）
リーダー「つくるぞ！」
メンバー「みんなの力で！」
リーダーとメンバー「オー！」

なんだなんだ班会議

あそび方

①リーダーはメンバーに3色のチョークを見せてから、手の中にチョークを入れ、うしろに隠す。3本の中の1本を右手に隠す。
②隠したチョークが何色かを班会議で決める。
③リーダーと班の子どもたちが、流れるようなリズムをかけ合いながら、班ごとに「赤！」「白！」などと声をそろえて答えていく。
④声がそろっていなかったり、答えがばらばらだったりしたら、負けとする。
リーダー「なーんだ、なーんだ」
メンバー「班会議！！」と声をそろえて言う。
リーダー「1、2、3、4、5」と数える。
班ごとにすぐ班会議をして、右手の中にあるチョークの色を決める。
リーダー「おーしまい」
リーダー「1班」
1班「赤！」
リーダー「2班」
2班「白！」
以下同様におこなう。
このように、最後の班まで答えさせたところで、少し間をおいて、
リーダー「答えは、(間をとる) これだ！」
と言って、右手の中にあるチョークを見せる。
⑤右手の中にあるチョークを2本にすると、2つの色を当てることになり、問題をむずかしくすることができる。

応用 右手の中にあるチョークを２本にし、２色を当てるようにする。

動物園

あそび方

①動物の鳴き声を出し合い、同じ動物どうしが早くグループをつくる。一番早くグループができたグループの勝ちとする。
②メンバーは一つの円をつくり、円の中央を向く。
③誰かをもとにして、リーダーは1番から5番までの番号を順に繰り返してかけ、自分の番号を覚えさせる。
④番号をかけ終わったら、メンバーは自由隊形になる。
⑤リーダーは、1番から5番までの動物名を5つ発表する。
（例）1番……いぬ、2番……ねこ、3番……ねずみ、4番……さる、5番……ぶた
⑥リーダーのゲーム開始の合図で、メンバーは動物の鳴き声だけを出し、同じ動物だけでグループをつくる。全員そろったグループは、手をつなぎその場にすばやくすわる。
⑦動物の鳴き声以外は出さないようにする。ルールを守れなかったグループはその場で失格とする。
⑧動物の種類を増やしたり、動物の鳴き声を出さずに動作だけにしたりしても楽しくなる。

自由隊形
1番　いぬ
2番　ねこ
3番　ねずみ
4番　さる
5番　ぶた
リーダー

ワンワン
ブーブー
ワンワン
チューチュー
ワンワン
ニャーオ
キャッキャッ
ニャーオ
チューチュー
手をつないで
すわる

応用 **その1** 動物の種類を増やす

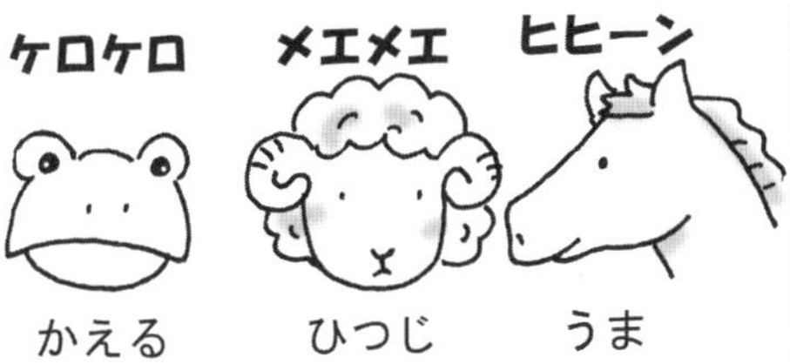
ケロケロ
メエメエ
ヒヒーン
かえる
ひつじ
うま

その2 動物の動作だけする

さる
ぞう
ぶた
うさぎ

さけとさめ

あそび方

①リーダーの指示によって、瞬間的に逃げ手と追い手になって、競い合う。

②学級を2チームに分け、一方のチームを「さけチーム」、他方を「さめチーム」とする。

③各チームは一列横隊に並び、1メートルの間隔をおいて、向かい合う。各チームの後方10メートルのところに、横線を引き、その線の向こう側を陣地とする。

④リーダーが「さけ！」と言ったら、さけチームは追い手となって、さめチームのメンバーを追いかけて、つかまえる。
さめチームのメンバーは、大急ぎで逃げて、自分の陣地へ入る。陣地に入ってしまったメンバーをつかまえることはできない。

⑤つかまったメンバーは、このゲームに参加できなくなり、観戦する。

⑥リーダーは、「さけ！」「さめ！」と指示するときに、各チームのメンバーが逃げ手なのか追い手なのかをうっかりまちがえてしまうように、「さささささけ！」「さささささめ！」などと、もったいぶって指示する。

⑦つかまったメンバーを休ませないで、つかまったメンバーを味方に入れてしまう方法もある。

⑧「さけ」「さめ」を「ねこ」「ねずみ」、「あお」「あか」などに変えて、ゲームを楽しむのもよい。

さささ…さけ！
わあ
つかまらな
かったよ
まてぇ
もう少しの
ところだったな

応用

その１ つかまったメンバーを休ませないで、味方に入れてしまう

さめ
さけ
さけ
さけメンバー
になる
リーダー

その２ 「ねこ」「ねずみ」、「あお」「あか」などに変える

ねこ！
あか！
リーダー
リーダー

ジャンプジャンケン

あそび方

①ジャンケンに勝ったメンバーだけが、ジャンプして前進し、コースを回り、リレーする。
②メンバーを3～4チームに分け、たて一列に並ぶ。
③スタートラインの前方10メートルにカラーコーン（いすでもよい）を1個ずつ置き、折り返し点とする。
④リーダーはカラーコーンの後ろに立ち、走者と一斉にジャンケンをする。
⑤ゲーム開始で、各列の先頭メンバーはスタートラインに立ち、リーダーとジャンケンをする。
⑥勝ったメンバーは、約束の数だけ大きくジャンプして前進する。
（ジャンケンの約束）
パーで勝つ………5歩前進
チョキで勝つ……3歩前進
グーで勝つ………1歩前進
⑦ジャンプを繰り返して列の前のカラーコーンにタッチできたら、すばやく逆もどりをしてスタートラインに帰り、2番目のメンバーにタッチする。
⑧2番目のメンバーは、スタートラインに立ち、リーダーとジャンケンをする。
⑨ジャンケンに負けたメンバーは、その場でストップする。勝てるまで前進できない。早くリレーできたチームの勝ちとなる。
⑩ジャンケンの約束を「どの拳でも勝ったら3歩前進」「2回続けて勝ったら、おまけにもう1歩前進」などとしても楽しくなる。

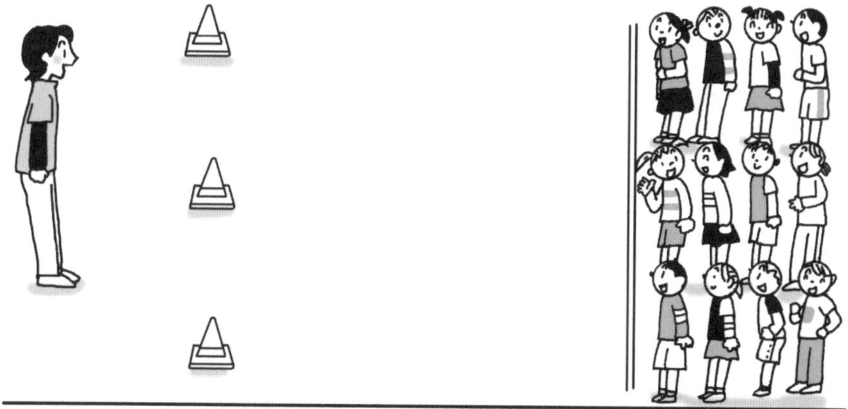

ジャンケングー
くやしい…

●ジャンケンの約束●

パー……５歩前進

チョキ…３歩前進

グー……１歩前進

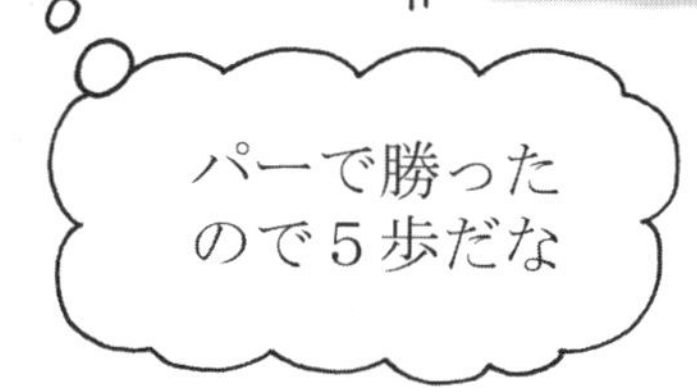
パーで勝ったので５歩だな

応用

その１

どの拳でも勝ったら３歩前進

その２

２回続けて勝ったらおまけに１歩前進

ひまわり

あそび方

①ラインひきで、幅が広かったり狭かったりする不定形の通路を大きくかき、スタート地点とゴール地点を決める。
②二つのチームに分かれ、攻撃の時間を決める。攻撃チームはスタート地点へ、守備チームは内側のわくの中に散らばる。
③合図で攻撃チームは一人ひとりスタートし、通路を1周する。
④守備チームは、通路を通る相手チームの妨害をして、外側や内側でもいいから通路から外へ押し出す。通路から出た人は、ゲームから抜ける。
⑤スタート地点からゴール地点まで無事にたどりついた人数の多いチームを勝ちとする。
⑥ゴール地点にたどりつく最低人数を2チームで相談して決め、その人数以上がゴールしたら、もう一度そのチームが攻撃をするようにしても楽しくなる。
⑦通路の細いところの外に「島」をかいて一時退避できる場所をつくったり、守備チームがいる内側のわくの形をいろいろ変えたりすると、さらに楽しくなる。

攻撃チーム
ゴール
スタート
守備チーム
通路

やったあ
ここを
通るんだよ
もう少し
なのに…
どうしよう
きゃあ
わあ
出ちゃうよ

応用

その1

- ゴールにたどりつく最低人数を決める
- その人数以上がゴールしたら、もう一度攻撃チームが攻撃できる

その2

- 「島（一時避難場所）」をつくる
- 内側のわくの形を変える

しっぽ取り

あそび方

①メンバー各自の後ろにぶら下げたしっぽを取り合う。
②メンバーの人数により、2～4チームに分かれ、色別のはちまき（ビニールひもでもよい）を全員に配る。
③ウエストにビニールひもを巻いたところに、そのはちまきをぶら下げる。
④リーダーのゲーム開始の合図で、各チームは一斉に他チームのメンバーのしっぽをねらって取る。しっぽを取られないように、手ではちまきをおさえるのは反則とする。
⑤ゲームは5分間で、各チームのメンバーのしっぽが何本残っているかを数えて、勝敗を決める。
⑥3ゲームまでおこない、勝ち数の多いチームを優勝とする。
⑦反則やけがなどがないように、リーダーのほかに審判員をおくとよい。
⑧しっぽの色をどのチームも同じ色にし、しっぽを取られても同じチームの人からしっぽをもらってぶら下げれば、再度ゲームを続けられるようにしてもよい。

ゲーム５分間

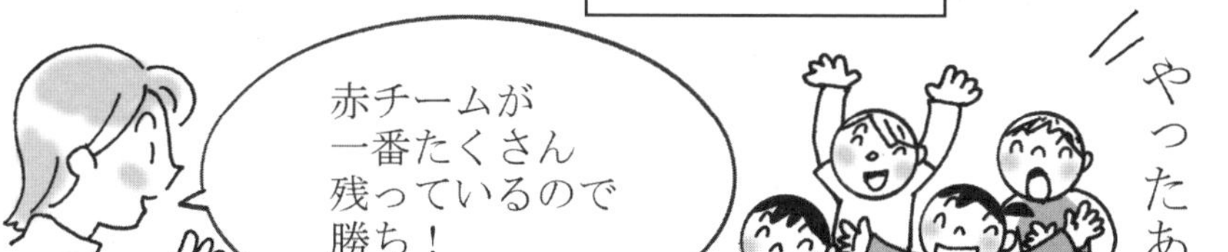

応用
- ●どのチームも同じ色のしっぽをぶら下げる
- ●しっぽを取られても同じチームの人からしっぽをもらえば、ゲームを続けられる

ペア・タッチおに

あそび方

①メンバーの中からおにを1人決め、ほかのメンバーは決められた範囲内に、自由に散らばる。

②おにはメンバーを追いかけ、タッチしたら、そのメンバーと手をつないでペアとなる。そのペアで、次のメンバーをタッチする。

③おには3人、4人と増えるが、手をつないだままメンバーを追いかけるので、タッチしにくくなる。

④おにが6人になると、2人のペアに分裂して、いっきょに3チームのおにが登場することになる。

⑤どのおにチームもタッチして、3人、4人、5人と、おにを増やしていく。そして、おにが6人になると、また2人のペアに分裂して、おにの数がどんどん増えていく。

⑥おにがメンバーにタッチするときは、必ず手をつないでいなければいけないこととする。

⑦左右どちらの側のおににタッチされても、おにになる。

⑧はじめは1人のおにからスタートし、2人のペアおに、3人おに、4人おに、5人おに、6人おにとなって手をつないでいくが、メンバーが少ない場合や、ゲームを短時間でおこなう場合は、4人おにのあと分裂して、2チームのペアおににしてもよい。

応用　メンバーが少ない場合／ゲームを短時間でおこなう場合 ― ４人おにで分裂する

ケンケン
ボールけり

あそび方

①ケンケンをしながらボールをけって、相手チームの陣地に入れる。
②メンバーを2チームに分け、10メートルくらいの間隔をあけて、直径2メートルの円をかく。
③メンバーは、自分のチームの円にそれぞれ入る。
④リーダーの合図で2チームのキャプテンが、ジャンケンをする。勝ったチームにボールが渡され、ゲームが開始される。
⑤ボールをけるために円の外に出るときは、必ずケンケンをしなければならない。途中で両足をついたメンバーは、失格となり、ゲームからはずれる。
⑥ケンケンが疲れたら、自分のチームの陣地に戻って休んでもよい。それ以外は、ケンケンでボールをけって、相手チームの陣地に入れたり、自分のチームの陣地にボールが入るのを防いだりする。
⑦相手チームの陣地にボールを入れると、1点の得点となる。
⑧得点が入ると、こんどは負けたチームから、ボールをスタートさせる。
⑨ゲーム時間は、およそ15分くらいとする。
⑩メンバーを3～4チームに分け、陣地もチーム数だけつくり、どのチームの陣地に入れてもよいことにしてゲームをすると、緊張感があって楽しくなる。

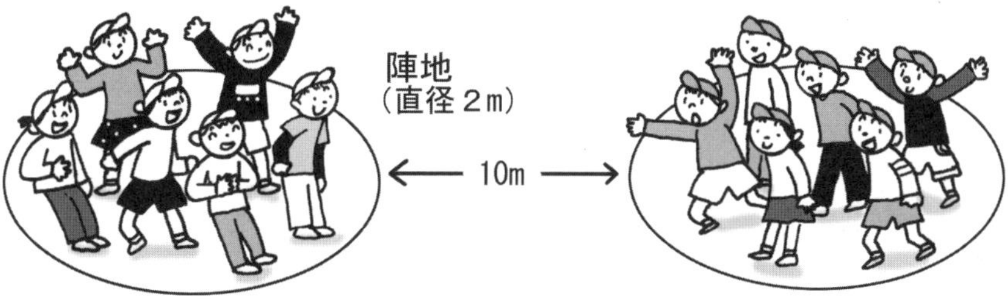
陣地
（直径２ｍ）
10m

けるために
とび出す
陣地
ボール
ケンケン
×
両足がつくと
アウト！
アウト
○
ケンケン
ケンケン
疲れたから
陣地に戻ろう

応用　メンバーを３～４チームに分け、陣地もチーム数だけつくる

8

すぐ使えるカード

Uresii
4 nen 2 kumi
Anata wa RÔMAZI no gakusyû o yoku ganbarimasita.
Korekara mo sikkari to RÔMAZI o benkyô simasyô.
nen gatu niti
tannin

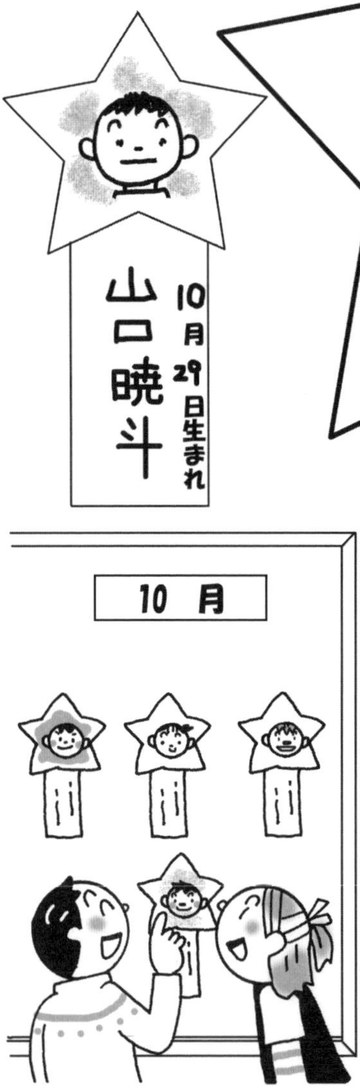
山口暁斗
10月29日生まれ
10 月

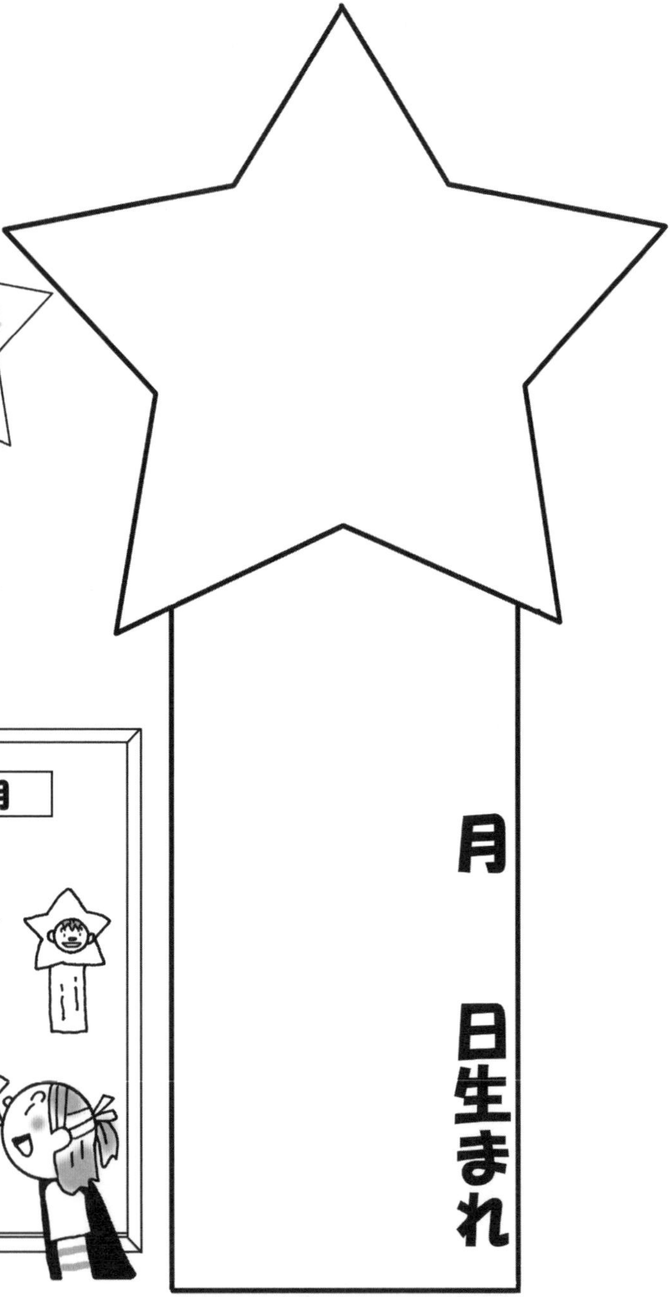
月　日生まれ

お知らせカード

月　　日(　　)

　　　　　　へ

時間	科　目	内　　容

明日の予定

用意するもの

●先生から●

グループのなかまから

※休んだ友達に、その日の学級の様子や明日の連絡などを知らせるカードです。

（よくできた…◎　できた…○　もうすこし…△）

（　　　）班

そうじがんばりカード						（　　）月
日	曜日	反省会がしっかりできましたか。	すみずみまできれいにできましたか。	協力して活動できましたか。	時間内に終わりましたか。	先生の印
1						
2						
3						
4						
5						
6						
7						
8						
9						
10						
11						
12						
13						
14						
15						
16						
17						
18						
19						
20						
21						
22						
23						
24						
25						
26						
27						
28						
29						
30						
31						

年　組
名前

月/日	教材名	1 まちがえないで読む	2 声の大きさ	3 間のとり方	4 気持ちやようすを考えて読む
/					
/					
/					
/					
/					
/					
/					
/					
/					
/					

⇒先生からひと言

※家の人や友達に音読を聞いてもらい、各ポイントをチェックしてもらいます。とてもよかったら◎、よかったら○もう少しだったら△をつけます。

読書記録カード

年　　組

名前

1 書名／作者名			読書期間 ／ 〜 ／	おもしろさ
ひとこと感想				
2 書名／作者名			読書期間 ／ 〜 ／	おもしろさ
ひとこと感想				
3 書名／作者名			読書期間 ／ 〜 ／	おもしろさ
ひとこと感想				
4 書名／作者名			読書期間 ／ 〜 ／	おもしろさ
ひとこと感想				
5 書名／作者名			読書期間 ／ 〜 ／	おもしろさ
ひとこと感想				

※書名、作者名、読み始めた月日を記入し、読み終わったら読み終わりの月日、ひとこと感想、おもしろさの印をつけます。
とてもおもしろい◎、ふつう○、つまらない△

すすめたい本

★
★ ★
★ 作 ★

よかったところ

月 日

年 組

名前

Romazi Rensyû
ローマ字　練習

4nen　　　　　　kumi

名前

（　　　　　　　　）

あ	い	う	え	お
a	i	u	e	o
か	き	く	け	こ
ka	ki	ku	ke	ko
さ	し	す	せ	そ
sa	si	su	se	so
た	ち	つ	て	と
ta	ti	tu	te	to
な	に	ぬ	ね	の
na	ni	nu	ne	no
は	ひ	ふ	へ	ほ
ha	hi	hu	he	ho
ま	み	む	め	も
ma	mi	mu	me	mo
や	い	ゆ	え	よ
ya	i	yu	e	yo
ら	り	る	れ	ろ
ra	ri	ru	re	ro
わ	い	う	え	お
wa	i	u	e	o
ん				
n				
が	ぎ	ぐ	げ	ご
ga	gi	gu	ge	go
ざ	じ	ず	ぜ	ぞ
za	zi	zu	ze	zo
だ	ぢ	づ	で	ど
da	zi	zu	de	do
ぱ	ぴ	ぷ	ぺ	ぽ
pa	pi	pu	pe	po
ば	び	ぶ	べ	ぼ
ba	bi	bu	be	bo

Romazi Rensyû
ローマ字　練習

4nen　　　　kumi
名前
(　　　　　　　　)

きゃ	きゅ	きょ	ぎゃ	ぎゅ	ぎょ
kya	kyu	kyo	gya	gyu	gyo
しゃ	しゅ	しょ	じゃ	じゅ	じょ
sya	syu	syo	zya	zyu	zyo
ちゃ	ちゅ	ちょ	にゃ	にゅ	にょ
tya	tyu	tyo	nya	nyu	nyo
ひゃ	ひゅ	ひょ	ぴゃ	ぴゅ	ぴょ
hya	hyu	hyo	pya	pyu	pyo
びゃ	びゅ	びょ	みゃ	みゅ	みょ
bya	byu	byo	mya	myu	myo
りゃ	りゅ	りょ			
rya	ryu	ryo			

［のばす音］

あー　いー　うー　えー　おー

â　î　û　ê　ô

［つまる音］

nekko　matti

ねっこ　マッチ

Rômazi
Rensyû

4nen kumi	

nen　　kumi

Anata wa RÔMAZI no gakusyû o yoku ganbarimasita.
Korekara mo sikkari to RÔMAZI o benkyô simasyô.

nen　　gatu　　niti

tannin

リコーダーカード

年　組

	ふけるようになった曲	聞いてもらったしるし	
		先生	友だち
1			
2			
3			
4			
5			
6			
7			
8			
9			
10			

加藤　辰雄（かとう　たつお）

1951年　愛知県に生まれる
1974年　三重大学教育学部卒業
現　在　名古屋市立堀田小学校教諭
現住所　〒456-0053　名古屋市熱田区一番二丁目28番8号

著　書

『班長を育てる指導』（1983年）
『新しい学級行事12カ月』（1987年）
『学習集団の指導技術』（共著、1991年）
『「ごんぎつね」の読み方指導』（共著、1991年）
『「大造じいさんとがん」の読み方指導』（以上明治図書、共著、1993年）
『いきいき充実三年生　学級文化活動と行事づくり』（福教社出版、1993年）
『生きいき話し合い活動』（1994年）
『わくわく係活動』（1994年）
『学級づくりの七つ道具』（1996年）
『たのしい全校集会のシナリオ1』（1997年）
『たのしい全校集会のシナリオ2』（以上あゆみ出版、1997年）
『子どもも先生もたのしい遊びとゲーム　秋・冬版』（共著、2000年）
『子どもも先生もたのしい遊びとゲーム　行事版』（以上子どもと教育社、共著、2001年）
『科学的な「読み」の授業入門　文学作品編』（東洋館出版社、共著、2000年）
『小学校5年生の大研究』（子どもの未来社、共著、2001年）
『国語授業の改革①　新学習指導要領　国語科新教材の徹底分析』（2001年）
『国語授業の改革②　新学習指導要領　国語科新教材のポイント発問』（2002年）
『国語授業の改革③　この教材で基礎・基本としての言語スキルを身につける』（2003年）
『国語授業の改革④　国語科の教科内容をデザインする』（2004年）
『国語授業の改革⑤　国語科小学校・中学校新教材の徹底研究と授業づくり』（2005年）
『国語授業の改革⑥　確かな国語力を身につけさせるための授業づくり』（2006年）
『国語授業の改革⑦　教材研究を国語の授業づくりにどう生かすか』（以上学文社、共著、2007年）
『国語の本質がわかる授業②　ことばと作文』（共著、2008年）
『国語の本質がわかる授業④　文学作品の読み方1』（以上日本標準、共著、2008年）
『子どももクラスも元気になる　小学校　係活動マニュアル』（2003年）
『すぐできる　朝の会・帰りの会』（以上ひまわり社、2005年）
『総合学習対応版　もらってうれしい賞状＆アイデアカード』（共著、2001年）
『学校を飾ろうよ　空間・壁面構成と立体工作のアイデア』（共著、2001年）
『教室を飾ろうよ　空間・壁面構成のアイデア　春・夏』（2001年）
『教室を飾ろうよ　空間・壁面構成のアイデア　秋・冬』（2001年）
『新版「1年生を迎える会」「6年生を送る会」を創ろうよ』（2002年）
『誰でも成功する学級づくりのキーポイント　小学校』（2003年）
『楽しい全校集会を創ろうよ　シナリオ版』（2004年）
『誰でも成功する子ども集団の動かし方』（2004年）
『誰でも成功する小学1年生の指導』（2005年）
『誰でも成功する小学3年生の指導』（2006年）
『かわいい！すぐ使える小学校のイラスト』（監修、2006年）
『誰でも成功する小学2年生の指導』（2007年）
『誰でも成功する小学5年生の指導』（2007年）
『誰でも成功する板書のしかた・ノート指導』（2007年）
『誰でも成功する小学6年生の指導』（2008年）
『誰でも成功する発問のしかた』（2008年）
『誰でも成功する授業での説明・指示のしかた』（以上学陽書房、2009年）

JASRAC　出0902024-901

誰でも成功する 小学4年生の指導

2009年3月25日初版印刷
2009年4月　1日初版発行

著　者　加藤辰雄
装画・本文イラスト　斉木のりこ
カバー・本文デザイン　佐藤　博

発行者　光行淳子
発行所　学陽書房

〒102-0072　東京都千代田区飯田橋1-9-3
営業部　TEL03(3261)1111　FAX03(5211)3300
編集部　TEL03(3261)1112　FAX03(5211)3301
振替口座　00170-4-84240
DTP／越海編集デザイン　印刷・製本／三省堂印刷
※乱丁・落丁本は、送料小社負担にてお取替え致します。

ISBN978-4-313-65195-1 C0037